汉竹·亲亲乐读系列

爱的胎教
一日一读

汉竹 编著

汉竹图书微博
http://weibo.com/2165313492

读者热线
400-010-8811

江苏凤凰科学技术出版社 | 凤凰汉竹
全国百佳图书出版单位

前言

爱，是每个孕妈妈给胎宝宝进行胎教的初衷；爱，也是胎教的真谛。

为了生育一个健康、聪明、快乐的宝宝，每个孕妈妈都想给胎宝宝最好的关爱。随着时代的发展，越来越多的孕妈妈认识到了胎教的好处和重要性。实践证明，经过良好、系统胎教的胎宝宝出生以后，生活作息更有规律，智力发展更为出色，性格也活泼开朗。

虽然打算做胎教，可因为是第一次怀孕，你可能不知道该从何做起，不知道如何让胎宝宝感受到你的爱。没关系，我们了解您孕期每个阶段的需求，根据胎宝宝各阶段的发育情况，每一天都给出了轻松实用的胎教内容。

准爸爸在胎教中也起着非常重要的作用，本书还特别诚邀准爸爸的参与，并为准爸爸提供了详细、实用的参与方案。准爸爸快过来看看，这 280 天，有你陪伴孕妈妈和你们的胎宝宝，相信宝宝会更聪明可爱，孕妈妈会更美丽动人，你也会更有男人味。

这 280 天，就是一次爱的实践，你们的宝宝将快乐地降临人间，而这个丰富多彩的世界正张开友好的怀抱欢迎他（她）的到来！

目录

孕1月
每天5分钟，我们开始游戏吧

孕2月
听音乐讲故事，很快乐

孕3月
睡前属于我们仨的对话

孕4月
有你相伴的美丽时光

孕5月
幸福，我们一同感受

孕6月
爸爸妈妈说的，宝贝好像听得懂哟

孕7月
爸爸很羡慕我们母子连心

孕8月
日子静静过，生活满眼美

孕9月
心柔柔的，爱暖暖的

孕10月
收获的时刻

附录

孕1月

每天5分钟，我们开始游戏吧

这个月，在你的腹中一个奇迹诞生了，小生命经历了从无到有的过程，最终在你的子宫安营扎寨！

胎宝宝以惊人的速度生根发芽，到本月末，他将有苹果子那么大，重量在 1 克左右。

而在怀孕初期，孕妈妈总是会被一种莫名的紧张情绪困扰，这时，学会放松就是你最重要的任务。多看一些优美的图片、阅读优美的文字、做一些自己感兴趣的事情，让自己获得平静、祥和的心情，要时时提醒自己：宝宝喜欢我高高兴兴的，没有什么事情比这更重要。每天睡前进行胎教，平复心情，安心入睡。

第 1~2 天

好心情、好身体，准备迎接胎宝宝

此时，你的“胎宝宝”还只是一个正在发育的卵子，等待从卵巢中排出，你和准爸爸的身体状况决定了卵子和精子的质量，所以要保持好状态，放松心情，以最平和的心态去面对。要知道，每一个宝宝的到来都是他与父母妙不可言的缘分，都是不可替代的人间天使。

孕 1 月健康生活宜忌

宜

仔细检查自己的生活、工作环境及生活习惯，避开影响健康怀孕的危险因素，比如辐射、噪音污染及农药和有害化学物质等。

计算好自己的排卵期，在排卵日当天或提前 1 天同房，可以提高受孕的概率。

孕妈妈和胎宝宝之间有着微妙的精神联系，孕妈妈的情绪将影响胎宝宝的发育。所以，从这个月起努力做一个快乐的孕妈妈。

开始补充叶酸，可降低将来婴儿出现唇裂的概率。最好在孕前 3 个月开始补充叶酸，现在开始也不晚。

多吃一些富含叶酸的食物，如菠菜、油菜等绿叶蔬菜以及动物肝脏，有益于胎宝宝神经系统和大脑发育。

忌

芦荟、螃蟹、甲鱼、薏米等性味寒凉的食物，它们活血化瘀的作用可能会导致流产，孕妈妈要尽量避免食用。

怀孕初期，有些孕妈妈会容易犯困、嗜睡，不要以为是工作太累而用咖啡来激发身体的动力，而应该敏感一些，想想最后一次月经的来临时间。

完美准爸爸训练营

想要一个聪明宝宝，可不是孕妈妈一个人的责任哦！准爸爸要加强营养，多摄取一些富含锌元素的食物，如牡蛎、豆类、花生、牛肉、鸡肝、葡萄、西红柿等，可以帮助提高精子活力，为受孕和优生创造必要条件。

绿叶蔬菜中富含叶酸，可有效预防胎宝宝神经管畸形，让孕妈妈怀上最棒一胎。

第 3~4 天
我们温暖的《家庭》

家，是每个人最值得依靠的地方。小时候，妈妈常常唱着“爸爸是船，妈妈是帆，载着宝宝，组成幸福家”，伴着歌声我们进入甜蜜的梦乡。宝宝，希望你也赶快来加入到我们这个大家庭中来，温暖将会围绕着你，这是爸爸妈妈对你的爱。

我独自在横跨过田地的路上走着，夕阳像一个守财奴似的，正藏起它的最后的金子。

白昼更加深沉地投入黑暗之中，那已经收割了的孤寂的田地，默默地躺在那里。

天空里突然升起了一个男孩子的尖锐的歌声。他穿过看不见的黑暗，留下他的歌声的辙痕跨过黄昏的静谧。

他的乡村的家坐落在荒凉的边上，在甘蔗田的后面，躲藏在香蕉树、瘦长的槟榔树，椰子树和深绿色的贯克果树的阴影里。

我在星光下独自走着的路上停留了一会，我看见黑沉沉的大地展开在我的面前，用她的手臂拥抱着无数的家庭，在那些家庭里有着摇篮和床铺，母亲们的心和夜晚的灯，还有年轻的生命，他们满心欢乐，却浑然不知这样的欢乐对于世界的价值。

——泰戈尔（印度）

完美准爸爸训练营

每天回到家中，温柔地问候爱人：“老婆，你今天上班累不累？中午带的水果有没有吃？晚上想吃什么，咱们一起做吧！”孕妈妈一天的劳累都会因此一扫而光的。

第 5~6 天

用心记下美好的一天

孕妈妈和准爸爸的爱，是这个家最温暖的存在。当胎宝宝感受到这份温暖的时候，他的表现可能是调皮、淘气、活泼的，也可能是文静、害羞、可爱的。也许他像孕妈妈一样细心、温柔、善良，像准爸爸一样睿智、风趣、乐观……每一天，孕妈妈的心情都那么好，快拿起笔记录一下吧！

准爸爸可以为孕妈妈准备一个记事本，把每一天的美好都记下来。这个记事本最好能有日期、星期，孕妈妈就可以每天“填空”了，把等待胎宝宝的日子填上满满的幸福。起床后，孕妈妈和准爸爸一起吃早餐；上班前，准爸爸吻了吻孕妈妈的额头；晚上回来时，准爸爸为孕妈妈暖手……闲暇的时候看一看，会让孕妈妈满心甜蜜。

亲爱的宝宝，爸爸和妈妈已经做好了准备，迎接你的到来。

如果这个记事本还有天气，那自然最好不过。在等待胎宝宝的时间里，孕妈妈和准爸爸都经历了哪些天气状况呢？

晴天里，孕妈妈和准爸爸一起去散步，看到了很多可爱的孩子；雨天里，准爸爸为孕妈妈撑着伞，一起并肩走着；起雾的时候，准爸爸早早起床，送孕妈妈去上班；刮风的时候，准爸爸为孕妈妈披上外衣；下雪的时候，孕妈妈和准爸爸度过了一个浪漫的圣诞节……

完美准爸爸训练营

准爸爸可是孕妈妈的“男一号”，有太多的戏份了。今天就为孕妈妈准备一束鲜花吧，这份浪漫可以让她开心好几天。

第7~8天 现在就开始胎教吧

孕妈妈和准爸爸的生活总是那么甜蜜，胎宝宝随时都会过来凑热闹。他就要成为这个家庭的一员了，孕妈妈和准爸爸不妨研究一下胎教的事情。要知道，胎宝宝聪明着呢，他最喜欢孕妈妈和准爸爸注意他了。

胎教可以从备孕开始

其实，胎教不仅是怀孕以后才做的事。孕前为胎宝宝提供一个优良的生长环境，夫妻双方良好的精神状态都会对将来的宝宝产生影响。

胎教是调节孕期母体内外环境，促进胚胎发育，改善胎宝宝素质的科学方法。胎宝宝都具有神奇的潜能，而胎教能够激活胎宝宝内部的潜力。育儿专家曾对接受过胎教的宝宝进行行为测评，发现经过胎教的宝宝在情绪、视听等感觉能力方面，以及小手抓握能力方面都表现得更优秀。

由于精子和卵子的质量决定着宝宝的遗传因素，为了让宝宝能获得一个相对优质的遗传基因，胎教应从备孕开始。如果在孕期进行胎教也不算晚。要知道，在众多的胎教方法中，孕妈妈积极乐观的情绪才是最好的胎教。而且，胎教不必拘于形式，只要是孕妈妈和准爸爸觉得舒适、安心的方式，都是好的胎教。

胎宝宝是孕妈妈和准爸爸爱情的结晶，和谐恩爱是良好胎教的开端。

完美准爸爸训练营

说到胎教，准爸爸可是大功臣。准爸爸陪孕妈妈去书店，帮孕妈妈去拿书架上的孕产书，还不辞辛苦地排队帮孕妈妈结账……这些都是胎教，准爸爸一直都是胎宝宝的好榜样。

第 9~10 天

《史记》中就已经有胎教

从备孕期开始，孕妈妈和准爸爸就要调整自己的生活习惯了，不知道有多少孕妈妈和准爸爸感叹条条框框太多。其实，古代胎教的条条框框才真是多，其中还有一些值得现代人借鉴的说法。孕妈妈和准爸爸看过之后不但可以长知识，还能松一口气：看来，现代的胎教还是挺轻松的……

司马迁《史记》

太任（周文王之母）有娠，目不视恶色，耳不听淫声，口不出秽言，食不进异味（辛、辣、苦、涩），能以胎教。

刘向《列女传》

古者妇人妊子，寝不侧，坐不边，立不跛，不食邪味，割不正不食，席不正不坐，目不视于邪色，耳不听于淫声，夜则令瞽（gǔ，古代乐师）诵诗书，道正色。如此则生子形容端正，才德必过人矣。

孙思邈《千金方》

弹琴瑟，调心神，和情性，节嗜欲，庶事清净，生子皆良，长寿忠孝，仁义聪慧，无疾，斯盖文王胎教者也。

丹波康赖《医心方》

凡女子怀孕之后，须行善事，勿视恶色，勿听恶语，省淫语，勿咒诅，勿骂詈（lì，责骂），勿惊恐，勿劳倦，勿妄语，勿忧愁，勿食生冷醋滑热食，勿乘车马，勿登高，勿临深，勿下坂，勿急行，勿服饵，勿针灸，皆须端心正念。

怡情养性、陶冶情操，孕育健康聪慧的胎宝宝。

完美准爸爸训练营

看看，古人都知道修身养性以孕育最完美的下一代，准爸爸不要忘了锻炼身体，吸烟、喝酒都对胎宝宝不好。准爸爸，坚持下去，你已经迈出最艰难的一步了！

第 11~12 天

最常见的 10 种胎教方法

在经历一段开心、快乐又充满期待的备孕生活后，孕妈妈可以做做功课了。看看哪些胎教方法是你喜欢的吧！你喜欢的，就是胎宝宝喜欢的。

名称	对胎宝宝的好处	内容	适宜时间
情绪胎教	情绪可改变孕妈妈体内的激素分泌，进而影响胎宝宝健康	所有能让孕妈妈感觉轻松、快乐、幸福的方式都是很好的情绪胎教内容	整个孕期
运动胎教	运动可提高孕妈妈的身体素质，促进胎宝宝大脑、肌肉的健康发育	孕妈妈可以进行适当运动，但幅度要小；也可通过抚触等形式让胎宝宝在子宫内“运动”	孕早期及晚期应以散步为主，孕中期可适当增加运动量
语言胎教	语言刺激是胎宝宝最先能体会到的刺激	给胎宝宝讲一些生活常识、自己的感受等	整个孕期
音乐胎教	音乐可调节孕妈妈的情绪，影响孕妈妈的心情	使孕妈妈心旷神怡，产生美好憧憬的音乐	整个孕期，且以睡前音乐为佳
美学胎教	孕妈妈对美的感受会通过神经传输传递给胎宝宝	让孕妈妈感觉到美的事物，如书法、绘画、美景等	整个孕期
抚摸胎教	通过抚摸让胎宝宝感受外界刺激	抚摸孕妈妈的腹部，手掌要温暖，动作要轻柔	整个孕期
知识胎教	间接胎教的一种形式，通过影响孕妈妈，进而促进胎宝宝大脑发育	数字训练、图形颜色训练、文字训练、拼音训练和孕妈妈学习的知识	孕中期开始
意念胎教	通过孕妈妈的意念想象构成美好愿望，平抚情结	孕妈妈的想象、联想	整个孕期，且以早上起床后为最佳
光照胎教	在胎宝宝能够感受到光时，让胎宝宝视觉神经发育更顺利	晒太阳或用手电筒照孕妈妈的腹部	孕晚期
营养胎教	孕妈妈的营养状况直接关系到胎宝宝的健康	食品多样，规律和适量的饮食，及时补充必要的营养	整个孕期

完美准爸爸训练营

根据这些胎教方法，提前帮孕妈妈准备一些可能用到的物品，比如音乐光盘、手工材料、优美的图片。还有，以后经常帮孕妈妈做饭吧，这可是营养胎教呢。

第 13~14 天

宝宝，《你是人间四月天》

每一个宝宝都是上天赐予的礼物。他是爱，是温暖，是希望。孕妈妈为他读一首诗，让他倾听你心中的爱吧！

我说你是人间的四月天
笑响点亮了四面风；轻灵
在春的光艳中交舞着变。

你是四月早天里的云烟
黄昏吹着风的软，星子在
无意中闪，细雨点洒在花前。

那轻，那娉婷，你是，鲜妍
百花的冠冕你戴着，你是
天真，庄严，你是夜夜的月圆。

雪化后那片鹅黄，你像；新鲜
初放芽的绿，你是；柔嫩喜悦
水光浮动着你梦中期待的白莲。

你是一树一树的花开，是燕
在梁间呢喃，——你是爱，是暖，
是希望，你是人间的四月天！

——林徽因

亲爱的宝宝，你是天使降临人间。

完美准爸爸训练营

孕妈妈读诗歌的时候，准爸爸可以在一旁听，然后给她递来一杯温开水，说一声：“老婆，辛苦啦！”一句话就能让孕妈妈心里暖暖的。

第15~16天

唱起欢快的《小毛驴》

在每个清晨，曲调明快、旋律变化丰富的乐曲都可以帮助孕妈妈振奋精神，开始崭新的一天。在所有的胎教音乐中，有趣、活泼的儿歌是最能打动孕妈妈的。

这首伴随了大多数人成长的《小毛驴》风格诙谐幽默，曲调欢快活泼，歌词也非常有趣。它可以使孕妈妈情绪放松、心情愉快。除了做听众之外，孕妈妈也可以吟唱这首儿歌给胎宝宝听，如果不会唱，哪怕是念歌词，胎宝宝也是喜欢的。

孕妈妈仔细听听这首儿歌，在童真的吟唱声中，想象着腹中胎宝宝正悄悄长大，孕妈妈一定会觉得幸福四溢，而这种幸福正源于母爱，这就是做母亲的幸福。

小毛驴

完美准爸爸训练营

周末的时候，准爸爸可以陪着孕妈妈睡懒觉。太阳暖暖地照在被子上，多么美好的一天呀！睡醒后，为孕妈妈放一张胎教CD听，让这个清晨更美好吧！

第 17~18 天
参加一场《快乐晚会》

孕妈妈的心就像孩子一样，纯真、热烈、好奇，那个小小的胎宝宝将来到你的身边，为你的世界带来更多的快乐。

森林里贴出一张通知：在月亮很圆很圆的晚上，举办快乐晚会。

大象看见了："噢，唱歌跳舞是小动物的事，我就不参加了，我去帮他们布置会场。"

于是，大象把河边的草地打扫得干干净净，搭起架子，挂上彩纸，还在四周种上了鲜花。他看着布置一新的草地，躺在地上睡着了。

晚上，小动物们穿着漂亮的服装聚到小河边，发现大象为了布置会场，累得睡着了。

到哪儿为大象找一件特别大的漂亮衣服呢？小动物们急坏了。

"动动脑筋，我们会有办法的。"小狐狸边说边用他那毛茸茸的尾巴，掸去大象身上的泥土。鸭子们跳下河去摘荷叶，把它戴在大象头上。鸟儿飞进森林，衔来一片片绿叶，把它贴在大象身上。

小动物们齐声大喊："大象，晚会开始啦！"大象扇扇耳朵，醒了。瞧瞧天上，圆圆的月亮正挂在当空。

"大象，你穿得这么漂亮，一定准备了很精彩的节目。"小动物们调皮地问。

大象看看自己身上，果然穿戴得很漂亮。他想，一定是小动物们帮他准备的。

"我不会演节目。"大象不安地说。

"没关系，只要你跳得开心，谁也不会笑话你的。"小动物们说。

大象和小动物们跳了起来，越跳越开心。

完美准爸爸训练营

准爸爸的嗓音是很有磁性的，可以在孕妈妈讲故事的时候发挥一下。准爸爸的声音很适合扮演憨憨的大象，让孕妈妈开心一笑。

第19~20天

让胎宝宝更聪明的《锯木板》游戏

做游戏不是小孩子才有的权利，孕妈妈也来参加吧！孕妈妈经常动脑，对胎宝宝的智力发育很有益处。而且，做一做思维游戏，孕妈妈的心情也会很好。

锯木板

明明家有一块奇形怪状的木板（如下图）。有一天，爸爸给明明出了一道题，让他把木板锯成正方形，但只能锯2次。明明左思右想，就是不知道怎么办。孕妈妈和准爸爸，你们知道吗？

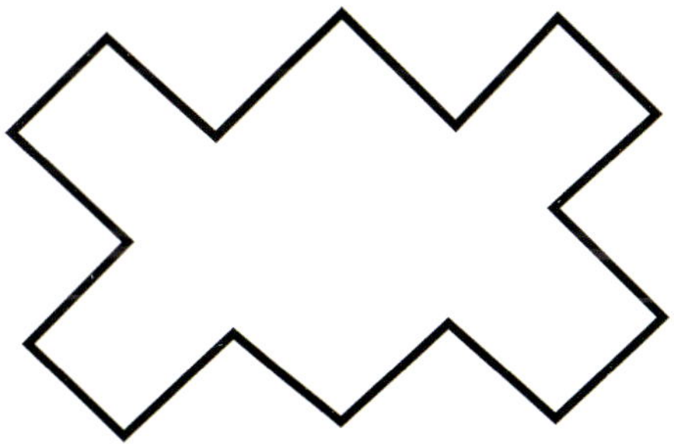

剩下的1元去了哪里

有3个人去投宿，一晚30元，3个人每人掏了10元凑够30元交给了老板。后来老板说今天优惠只要25元就够了，拿出5元让服务生退还给他们，服务生偷偷藏起了2元，然后把剩下的3元分给了那3个人，每人分到1元。这样，一开始每人掏了10元，现在又退回1元，也就是10–1=9，每人只花了9元，3个人正好是27元，再加上服务生藏起的2元是29元，请问剩下的1元去了哪里？

（答案见28页）

孕妈妈经常动脑，胎宝宝会更聪明。

完美准爸爸训练营

进行思维游戏的时候，准爸爸可以和孕妈妈一起思考。而且，如果孕妈妈猜不到答案，准爸爸可以“友情提示”一下，这样既不会打击孕妈妈的积极性，还会更有趣。

第21~22天
回忆《儿时情景》

孕妈妈小时候的梦想是什么呢？是每天都有甜甜的糖果，还是有一屋子的漂亮衣服？不管小时候的梦想是什么，孕妈妈现在的梦想只有一个，那就是迎接一个小天使。

孩子，我们曾经也是孩子，两个又小又快活的小孩子，
我们常爬进小鸡窝，躲藏在清香的稻草下面，
我们学着公鸡啼叫，每当人们经过的时候，
喔喔喔！以至他们都以为这是公鸡在报晓。
院子里有个大木箱，我们将它装潢得非常漂亮，
我们一起居住，仿佛住在一个豪华的家园。
邻居家的老猫经常会来拜访我们，
我们向它鞠躬行礼，用最美好的语言恭维它，
我们遵从它的旨意，关怀和友好地满足它的需求。
“从此我们就是一家人了”有些老猫会说，
我们也常常围坐在一起聊天，明智得如同年老的长者，
我们抱怨着现在所有的一切都不如旧时的美好，
如同爱，如同忠诚，如同信仰，全都从这个世界消失了。
如同美味的咖啡，如同珍贵的财宝，
儿童时光的渐渐远去，所有的一切也随之不见，
金钱，世界与时间，信仰，爱情与忠诚。

——海涅（德国）

常常会想起，儿时的美好……

完美准爸爸训练营

准爸爸有时间就多陪孕妈妈散散步，到景色迷人的地方散心，听孕妈妈讲讲小时候的趣事。准爸爸还可以将漂亮的景色和孕妈妈的笑容拍下来，让这些照片成为美好的记忆。

第23~24天 给胎宝宝《打电话》

“大雨哗哗下，北京来电话”。孕妈妈能接下去吗？相信很多孕妈妈知道，它代表着童年的记忆。现在的孕妈妈，已经在孕育一个新生命了。孕妈妈不要紧张，你的童年是幸福的，胎宝宝的童年会更幸福。

打电话

完美准爸爸训练营

准爸爸可以准备两个纸杯，然后用绳子穿起来，各占一头。将绳子拉直，就可以和孕妈妈、胎宝宝玩打电话的游戏了。这种寓教于乐的方式是不是很有趣呢？

第 25~26 天

美丽的《伏尔塔瓦河》

孕期多接触美好的事物，比如赏心悦目的画作、诱人的食物、清新的音乐，不仅可以提高孕妈妈的美学修养，同样可以促进胎宝宝大脑细胞和神经的发育。清晨，孕妈妈可以听一听音乐，和腹中的胎宝宝说声“早安”。

斯美塔那——用生命向音乐致敬

被誉为捷克“新音乐之父”“捷克民族音乐奠基人”的斯美塔那，和贝多芬有着类似的经历——失聪。他的失聪并没有为自己带来安宁，而是为他带来日夜不休的噪音困扰，据他自己描述，就如同永远置身于一个喧嚣的大瀑布之下。可就在这样的状态下，他都没有间断音乐创作。他一生中最精彩的一些作品，如交响诗套曲《我的祖国》等，几乎全是在他失聪之后创作的。

欣赏音乐《伏尔塔瓦河》

斯美塔那的《伏尔塔瓦河》选自交响诗套曲《我的祖国》，描绘了捷克的母亲河——伏尔塔瓦河从源头的恬美舒缓渐至奔腾壮丽，穿过山谷、流过森林、来到乡野、经过峡谷，最后如梦一般消失在远方的情景。孕妈妈可以从中体验作曲家的爱国之情和大自然的雄伟壮丽。

完美准爸爸训练营

在熟悉乐曲之后，准爸爸可以跟着音乐轻轻哼唱，和胎宝宝一同感受伏尔塔瓦河的美丽和壮观。

25 页答案

1.

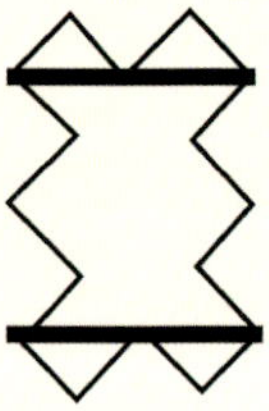

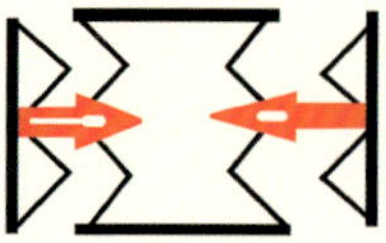

2. 正确的第一种算法：三个客人总共出 27 元，三个客人自己留了 3 元，27+3=30。正确的第二种算法：老板 25 元，服务生 2 元，客人 3 元，25+2+3=30。丢失一块钱的原因是把第一种算法的 27 元和第 2 种算法的服务生的 2 元相加，导致了迷惑人的假象。其实服务生的 2 元包括在了三个客人出的 27 元当中。

第 27~28 天

想象《婴孩的抚摸》

想象一下，几个月之后，妈妈抱着小宝宝，看着他懵懂的样子，甜甜的，暖暖的。爸爸在旁边逗弄着小宝宝，还偷偷亲了老婆一下……这样的日子，该是多么美好啊。

爱，有时候就是这样一个眼神，一个动作。母亲凝视着婴儿，充满慈爱，手握着婴儿的脚丫。婴儿躺在母亲的怀里，眼睛看着母亲，小手摸着妈妈的脸，小肚子鼓鼓的，胖乎乎的腿微微蜷曲着。看着这幅画，孕妈妈和准爸爸是不是对以后的生活充满憧憬呢？

完美准爸爸训练营

准爸爸可以去超市或者书店买几张可爱的宝宝图，贴在墙上。闲暇的时候，陪孕妈妈聊聊你想象中胎宝宝可爱的样子，这可是非常好的意念胎教呢！

孕2月
听音乐讲故事，很快乐

胎宝宝正在慢慢地长大，这个月他将从一颗小松子仁成长为一粒蚕豆。绝大部分孕妈妈还没有怀孕的主观感觉。有些孕妈妈可能会有轻微的不舒服，可能出现类似感冒的症状，如周身乏力、发热或发冷、困倦嗜睡、不容易醒，有时会感到疲劳等。这些都是胎宝宝发给你的信号，孕妈妈不要太着急哦！

多听听音乐，多读读故事，孕妈妈快乐，胎宝宝就快乐，美好的孕期是从微笑开始的。

第29天
用爱播种，收获满满的幸福

随着胎宝宝的长大，孕妈妈需要注意的地方就多了些。不过不要担心，很多事情都是很容易的，只要稍加注意就行。现在孕妈妈所做的一切，就像农民伯伯的辛勤劳动一样，都会收获满满的幸福。

孕2月健康生活宜忌

宜

孕妈妈用早孕试纸自测怀孕时，最好在月经迟来2周后再做，太早不容易测出来。

孕妈妈应该随身携带开心果、松子这类的坚果，饿了就吃，不仅能补充营养，还能缓解孕早期的孕吐现象。

针对孕吐，孕妈妈可以尝试一些凉拌菜，如拌黄瓜、拌土豆丝等，这样的开胃菜能减少对胃黏膜的刺激。

孕妈妈随时都会孕吐，所以，要在随身的包中多放些手绢、纸巾和塑料袋，以备不时之需，避免尴尬。

忌

不少孕妈妈在孕早期喜欢吃酸，但不能多吃。孕早期胎宝宝耐酸度低，过量食用加工过的酸味食物会影响胎宝宝发育。

孕吐不期而至，这是正常的生理反应，孕妈妈切不可自行用止吐药止呕，这样做会妨碍胎宝宝的生长发育。

尿频是孕妈妈最常有的症状。孕妈妈平时要适量补充水分，若有尿意，尽量不要憋尿，以免造成尿路感染，加重尿频。

孕早期性生活易引起流产，早孕反应也使孕妈妈性欲和性反应减弱，此时准爸爸要充分理解。

随身的包中放些纸巾、塑料袋，以应对随时可能发生的孕吐。

完美准爸爸训练营

为了让胎宝宝健健康康的，准爸爸做的努力也不少。戒烟戒酒并不是一朝一夕的事情，只要想到那可爱的胎宝宝，准爸爸就有了动力。孕妈妈也喜欢清新的空气，为了她和胎宝宝，准爸爸要加油！

第 30 天 静谧的《蓝色多瑙河》

和准爸爸在一起的时光是温暖的，静谧的。未来，将有一个小生命也加入进来，他会成为生命中最重要的部分。现在，他已经在你的世界中悄悄占领地盘了，快带他共同感受这份美好吧！

感受《蓝色多瑙河》之美

《蓝色多瑙河》这首乐曲曲名取自诗人卡尔·贝克一首诗中各段最后一行的重复句：

“你多愁善感，你年轻，美丽，温顺好心肠，犹如矿中的金子闪闪发光，真情就在那儿苏醒，在多瑙河旁，美丽的蓝色的多瑙河旁。香甜的鲜花吐芳，抚慰我心中的阴影和创伤，不毛的灌木丛中花儿依然开放，夜莺歌喉啭，在多瑙河旁，美丽的蓝色的多瑙河旁。”

孕妈妈一边听着曲子，一边读着这首诗，想象曲子和诗歌描绘的场景，将这些场景传达给胎宝宝吧。

宝宝越听越聪明

这首曲子旋律优美动听，风格华丽、高雅。孕妈妈在感受明快而富于变化的节奏时，能将良好的反应传递给胎宝宝，促进胎宝宝的大脑发育。清晨，河水泛着金黄的涟漪，朝阳冉冉升起，胎宝宝最喜欢这份安宁和静谧了。

完美准爸爸训练营

准爸爸给孕妈妈放音乐的时候，声音不用太大，尤其是晚上的时候，孕妈妈感觉比较劳累，放一些轻音乐能有助于睡眠。

河水静静流淌，伴着音乐，胎宝宝进入梦乡。

第31天
宝宝，《春天来了》

春天是一个充满希望的季节，就像孕妈妈此时此刻——也许孕妈妈还不知道胎宝宝的到来，但心中充满希望，感觉自己的生活被爱包围。读一读这篇《春天来了》，感受一下美丽的春天吧。

春天来了，小树发芽了，小草变绿了，小花也开了，有桃花、梨花、玉兰花，真是漂亮极了！

晚上，小星星在月亮婆婆身边睡着了。这时，公园里传来了好听的说话声。

桃花说："春天真好，我最喜欢春天了，太阳暖暖的，花儿也开了，多好啊！你们说是不是我先开的？是我把春天迎来的。"

梨花说："你说的不对，是我先开的，你看我全身白白的，多像雪白的玉。"

玉兰花说："你们说的都不对，是我最先和春姑娘说话的，我最香了，春姑娘最喜欢我。"

花儿们的说话声把月亮婆婆吵醒了，月亮婆婆问花儿们："你们说什么呢？真热闹，让我也听听。"

梨花向月亮婆婆招招手，高兴地说："月亮婆婆，春天真好，您告诉我们，是谁最先把春姑娘迎来的？"

月亮婆婆想了想，微笑着说："我知道刚才你们说什么了，我来告诉你们答案。春姑娘是小草最先迎来的，在你们没开花的时候，小草已经钻出地面了。"

听了月亮婆婆的话，桃花、梨花、玉兰花都低下了头。

月亮婆婆又说："好了，孩子们，咱们睡觉吧！过一会儿春姑娘该来叫你们了。"

公园里又静静的了，月亮婆婆，还有桃花、梨花、玉兰花都闭上眼睛了，在她们的梦里春姑娘还在跳舞呢。

完美准爸爸训练营

刚刚知道自己怀孕的时候，孕妈妈总是很敏感，容易胡思乱想：自己前段时间是不是吃了什么不该吃的东西？会不会对胎宝宝有影响？这时候，准爸爸就要勇敢地站出来，告诉她不要因为吃了一次不够健康的食品而担惊受怕，以后只要多注意，胎宝宝就会很健康。

第 32 天

充满爱的《冰河世纪》

天底下的父母都是一样的。为了宝宝的健康成长，孕妈妈和准爸爸做过很多努力。无论是锻炼身体还是补充营养，所做的一切都源于亲情。爱，是一种天性。在几亿年前的冰河世纪，也上演着温暖的故事。孕妈妈看看《冰河世纪》，是不是也感受到了那种温暖呢？

在第一部中，动物们为了将人类婴儿送回父母的身边，历经艰险，还闹出了很多笑话。无论是沸腾的熔岩坑、暗藏的冰穴、严寒的天气，还是邪恶的阴谋，都难不住它们。孕妈妈看了这些片段，会觉得自己腹中的小生命真真切切地来到了世界上，而他，正需要着你的关爱。

在第二部中，由于气候原因，动物们需要迁徙到新的安全之地生存。旅途中，一直认为自己是最后一头猛犸象的曼尼遇到了艾丽——世界最后一头雌性猛犸象，从此坠入情网，并闹了不少笑话。

在第三部中，怀孕的猛犸象艾丽变得成熟、理性。它就像所有的孕妈妈一样，散发着母爱的光芒。看到艾丽的变化，孕妈妈也许会发现，自己也变了很多……

怀孕的猛犸象散发着母爱的光芒，孕妈妈亦是如此。

完美准爸爸训练营

如果去外面看电影，准爸爸就要早早订好票，最好选择靠墙的座位，以免人多拥挤。然后准备一些小零食，如松子、核桃等，提前到场，准爸爸的陪伴比什么都重要。和家人相处，是一种难得的温馨。要知道有你在身边是孕妈妈和胎宝宝最需要的。

第33~34天

《花》香充满世界

孕妈妈多笑笑，多观察生活，胎宝宝就会感受到世界的美好。正如歌谣中唱的："花，是人们最好的朋友""花，把香气散满了这世界。"孕妈妈也告诉胎宝宝，充满花香的世界是多么美好……

勤劳的小蜜蜂让花香充满世界。

叮铃铃，叮铃铃，
铃兰花摇响一串串小铃子；
呜啦啦，呜啦啦，
牵牛花吹起一只只小喇叭。
有细雨给漂亮的百合花洗脸，
有微风给白头的蒲公英理发，
有夜莺为红玫瑰歌唱，
有太阳跟康乃馨亲热地谈话，
有蜜蜂介绍花朵和花朵结婚，
花的家族，最美也最大！
花，是人们最好的朋友，
花，去访问学校、医院，
和每一个幸福温暖的家，
花，把香气散满了这世界，
花，开在中国、日本、美国和西班牙。

——杨唤

完美准爸爸训练营

准爸爸有多久没有给孕妈妈送花了？不用每次都是玫瑰，哪怕是小野花都可以。要知道，你的一束花不仅能让孕妈妈开心，还能让这个家充满花香、充满爱意。

第35天

生气时读《绕着房子跑三圈》

生活中经常会有些小事情，让孕妈妈烦恼、郁闷。这时候，换个角度想想问题，事情就会简单很多。再畅想未来的美好，孕妈妈的烦恼就会一扫而空了，快乐又会回到孕妈妈心头。

有一个人，每次生气想和人争执的时候，他就以最快的速度跑回家去，绕着自己的房子和土地跑三圈，然后坐在田地边喘气。他非常勤劳努力，他的房子越来越大，土地也越来越广，但不管房子和土地有多大，只要生气了，他还是会绕着房子和土地跑三圈。

他的孙子问他："阿公，您可不可以告诉我这个秘密，为什么您一生气就要绕着房子和土地跑三圈呢？"

他回答："年轻时，我和别人争论、生气，就会边跑边想，我的房子这么小，土地这么小，我哪有时间，哪有资格去跟人家生气？一想到这里，气就消了，于是就把所有时间用来努力做事。"

孙子又问："阿公，你年老了，又变成了最富有的人，为什么还要绕着房子和土地跑？"

他笑着说："我现在还是会生气，生气时绕着房子和土地跑三圈，边跑边想，我的房子这么大，土地这么多，我又何必跟人计较？一想到这些，气就消了。"

换个角度想问题，事情就会简单很多。

完美准爸爸训练营

孕妈妈不开心的时候，准爸爸就是开心果。投其所好很有必要，一份美食、一本好书、一张CD都可能是孕妈妈的最爱。

第36天

《最好的玩具》是爱心

孕妈妈知道吗？拥有童心的人总是快快乐乐的，他们的情绪也能感染身边的人。快乐的孕妈妈也会感染胎宝宝，让他欢喜地成长。读读下面这个故事，看看聪明的小猫给大家带来的纯真的欢乐。

小花狗生病了，大伙儿带来了最好的玩具，希望能够给小花狗解解闷儿。

小猫咪咪也来了。小黑猪偷偷看咪咪，咪咪的手里什么也没有。

大伙儿开始送玩具了。哇，有遥控飞碟，有声控老鼠，还有精致华贵得让人不敢碰的小轿车……

轮到咪咪了。

大伙儿都把眼睛瞪得大大的，看着咪咪空空的两手。小黑猪更是眼睛一眨也不眨。没想咪咪却说："大伙儿都把眼睛闭上，我才好把玩具拿出来！"

大伙儿互相看看，只好把睁大的眼睛闭上。

一会儿，咪咪说："睁开吧。"小黑猪睁眼一瞧，咪咪手里捧着个花花绿绿的小东西，毛茸茸的，又有趣又可爱。大伙儿都把脖子伸得长长的，想看个清楚。

咪咪手里的小东西十分灵活，东一蹦，西一跳，总往咪咪身后跑。咪咪想抓住它，可转了一百圈还是没抓住。急得咪咪直朝大家吐舌头，那副滑稽相，逗得小花狗哈哈大笑。

表演结束了，大伙争着问咪咪玩具是从哪儿买来的。

这时，咪咪从地上站起来，拍拍裙子说："这个玩具一分钱也没花，它就是我自己的尾巴呀！"

啊，大伙儿谁也没想到！

咪咪说："这个玩具是我为小花狗精心设计的。我在尾巴上涂了颜色，卷成彩球的样子。看见小花狗那么开心地笑，我真高兴！"

躺在床上的小花狗说："谢谢你，咪咪，你真好！"

小黑猪不好意思地搔搔头，嘿嘿地笑着说："咪咪，可真有你的！这玩具可真有趣呀！"

完美准爸爸训练营

如果家里有宠物的话，准爸爸最好将它暂时送往亲友家。如果实在舍不得，一定要带着宠物定期体检。

第37天 使人微笑的小笑话

孕妈妈每天微笑了吗？有研究表明，微笑拥有惊人的效果，比如减缓压力、鼓舞人心，甚至会让人变得年轻。老话说“笑一笑，十年少”，就是这个道理。经常读一些小笑话，会让孕妈妈的快乐越来越多。

我是黑客

喜鹊来了，妈妈对孩子说：“喜鹊是喜鸟，是客。”

燕子来了，妈妈对孩子说：“燕子是益鸟，是客。”

乌鸦来了，妈妈还没来得及说话，孩子就问：“这只鸟也是客人吗？”

只听乌鸦说：“哦，是的，我是黑客！”

驴亲戚

农民赶驴进城，遇到无赖。无赖问：“吃饭了吗？”

农民回答：“吃了。”

无赖大笑着说：“我问的是驴。”

农民听后，转身骂驴：“城里有亲戚也不说一声。”

会打架的鹦鹉

某人养了一只非常会打架的鹦鹉，经常把和它关在一起的其他鸟的羽毛拔掉。后来，主人买回一只鹰，把这只鹦鹉关进了鹰的笼子，就出去了。等主人回来时，发现笼子外面挂着鹦鹉的羽毛，心想：“这回鹦鹉可被打败了吧。”他走近一看，发现鹰奄奄一息地躺在笼子里，鹦鹉精神抖擞地蹲在横木上，只不过全身都没有羽毛，只听鹦鹉说：“这鹰真厉害，不脱光衣服还真打不过它！”

鹦鹉说：“笑一笑，十年少。”

完美准爸爸训练营

孕妈妈上班的时候，难免会觉得疲惫。准爸爸可以在午饭时间给她发一条幽默搞笑的短信，让孕妈妈的心情瞬间好起来，心里乐开了花。

第 38 天

快乐的风车转转转

双手和大脑有着神奇的联系，多多动手，可以锻炼大脑的思维能力。空闲的时候不妨改造一下家里的废弃物品，孕妈妈可以利用起来，做一些好玩又好看的手工。

还记得小时候玩的风车吗？漂亮的风车迎风转动，给我们的童年带来了无数欢乐。今天孕妈妈就做个手工风车吧，可以装饰屋子，等宝宝出生后还可以给宝宝玩呢。

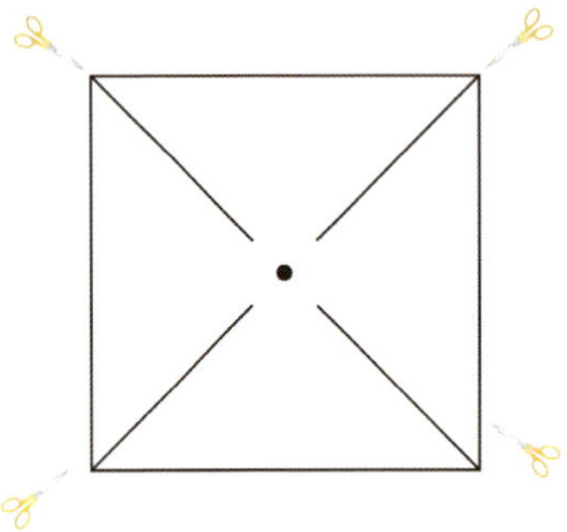

1 把正方形的纸，按图所示裁剪。

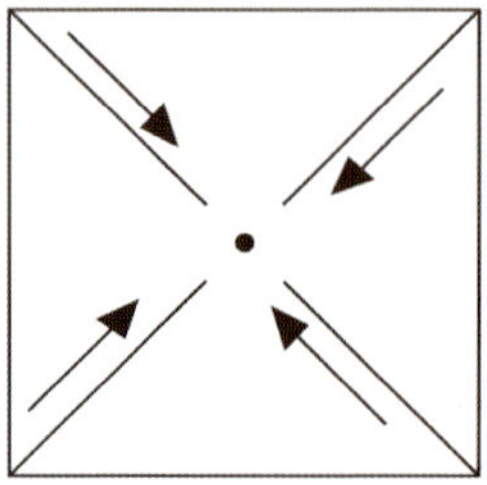

2 把四角向箭头方向折。

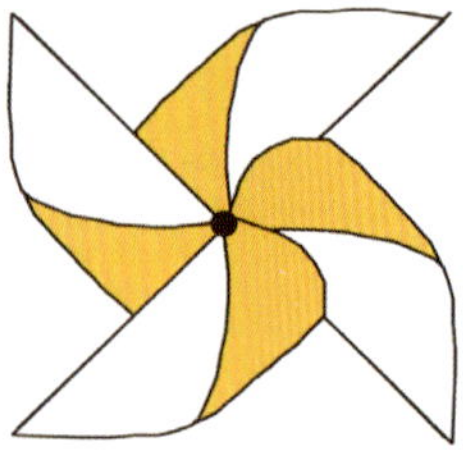

3 把四角压在正中央。

4 用大头针穿上珠子，把风车固定在一根木棍上。

大风车呀吱呦呦地转，这里的风景呀真好看……

完美准爸爸训练营

准爸爸可以陪孕妈妈一起多做两个风车，天气好的时候带上它们陪孕妈妈去外面走一走，让你们的风车随风转动，如果恰巧碰到小朋友，就送他一只你们做的风车吧，让快乐传递。

第39天

准爸爸教唐诗

给胎宝宝做胎教可不是孕妈妈一个人的事，准爸爸也要参与进来。准爸爸可以吟诵些优美的诗句给胎宝宝听，通过美妙诗句所描述的美丽画卷，不仅能陶冶自己的情操，也能对胎宝宝产生一种潜移默化的影响。

登鹳雀楼

（唐）王之涣

白日依山尽，
黄河入海流。
欲穷千里目，
更上一层楼。

赏析

这是一首登高望远诗。寥寥数语，把景色写得浩瀚壮阔，气魄雄浑。“欲穷千里目，更上一层楼”，被作为追求理想境界的座右铭，流芳千古。

江畔独步寻花

（唐）杜甫

黄四娘家花满溪，
千朵万朵压枝低。
留连戏蝶时时舞，
自在娇莺恰恰啼。

赏析

这首诗，杜甫写于成都草堂。春暖花开时节，诗人独自沿着江边散步赏花，触景生情，一连写了七首诗，这是第六首。黄四娘家的小路上，鲜花开得密密匝匝，把枝条都压弯了，花朵的芳香更是引来无数的蜂蝶在花间翩翩起舞，花底不时传来黄莺动听的啼鸣。

完美准爸爸训练营

胎教贵在坚持，准爸爸要经常亲自参与，给胎宝宝读读诗歌，陪孕妈妈做做游戏，他们会越来越爱你。

春晴喜鹊噪前津，鹊噪前津柳媚新。
津柳媚新花恋蝶，新花恋蝶去来频。

第 40 天

许下《对星星的诺言》

传说，在天空布满星星的夜里，人们常会梦见一位美丽的天使，她微笑着对人们说："如果你们有什么愿望，可以告诉天空的星星，幸福就会飞到你们身边。"孕妈妈的愿望已经实现了，看，这个小小的胎宝宝已经来到了……

星星睁着眼睛，
挂在黑丝绒上亮晶晶，
你们从上往下望，
看我可纯真？
星星睁着眼睛，
嵌在宁谧的天空闪闪亮，
你们在高处，
说我可善良？
星星睁着眼睛，
睫毛眨不止，
你们为什么有这么多颜色，
有蓝，有红，还有紫？
好奇的小眼睛，
彻夜睁着不睡眠，
玫瑰色的黎明，
为什么要抹掉你们？
星星的小眼睛，
我向你们保证：
你们瞅着我，
我永远，永远纯真。

——加夫列拉·米斯特拉尔
（智利）

完美准爸爸训练营

微风轻拂的夏季夜晚，是梦幻而美妙的时刻。准爸爸可以带着孕妈妈出来看星星，记得给孕妈妈披上外套，不要让她着凉。天上的星星那么多，准爸爸可以和孕妈妈许下愿望，一起畅想未来。

第 41 天

胎宝宝喜欢的《G 小调交响曲》

研究表明，每分钟 70 下左右的节奏是孕妈妈比较理想的心跳指数。而莫扎特的音乐极好地表现了这一特点，是国际公认的最适合胎教的音乐。因此，孕妈妈可以有选择性地多听一些莫扎特的音乐。

这样听名曲

《G 小调交响曲》是莫扎特最后的三大交响曲之一，也是他的交响曲中最广为人知的作品。整部交响曲热情洋溢、如阳光般明媚，充满感情。许多人把它比作一个美丽、安宁、充满欢乐的世界，而这也正是适合孕妈妈的世界。

莫扎特是一位音乐神童，他的音乐演奏技艺精湛，旋律经典，曲式均衡且对称，严谨的风格有一种格式美，有助于脑部的理性分析及认知的智能，所以莫扎特的音乐还可对胎宝宝的空间智能发育提供帮助。

孕妈妈听莫扎特的音乐，和胎宝宝一同感受音乐的律动和节奏，也可让孕妈妈心情放松，心跳规律、安稳，血流速度、血管收缩功能正常，为胎宝宝提供充足的养分，让胎宝宝健康地成长。

在欢快的乐曲中，胎宝宝健康、快乐地成长。

完美准爸爸训练营

准爸爸可以给孕妈妈多准备一些音乐 CD，还可以下载到孕妈妈的手机里，可以当作闹铃、来电铃声。

第42天

温馨感人的《蚕豆花》

在这几天，胎宝宝的面部开始发育，胎宝宝看起来像个蚕豆，是不是很奇妙呢？这个小蚕豆会一点一点长大，然后在某个日子和你见面。那个日子并不遥远，幸福总是触手可及。

这是一朵蚕豆花，很美的一朵蚕豆花。黄黄的花蕊，淡淡的花瓣。风把这朵蚕豆花的美告诉了小粉蝶，于是，小粉蝶飞来了。

“蚕豆花，你有什么愿望吗？”她问。

“哦！如果可能的话，我，我想当一个妈妈！”她小声地说。

“你会变得很难看，你不怕吗？”豆茎说。

“你会落到地里，和泥土混成一片，你不怕吗？”豆叶说。

“我不怕！”她坚定地回答。

“你的愿望会实现的！”小粉蝶围着她转了三圈，飞走了。

春天很快过去了，豆荚生了出来，鼓鼓的。

风来了，豆茎挺直了身子，为她避风；雨来了，豆叶伸直了身子，为她挡雨。夏天也过去了，宝宝长大了，而她却变成了一点黑点。

“我们会帮你照顾孩子的。”豆茎和豆叶说。

她放心地落下了。落到了地上，落进了泥土里。

豆荚开了，豆子出来了。

“妈妈！”他们对着豆茎叫。豆茎摇摇头。

“妈妈！”他们对着豆叶喊。豆叶摇摇头。

豆茎和豆叶已经老了，他们再也没有力气说话了。一个小孩过来，拾走了他们。他们将在火塘里发出最后的一点热。

可是，谁来把这个故事告诉大家呢？有风，有雨，还有那只可爱的小粉蝶。

完美准爸爸训练营

这是一个很感人的故事，准爸爸最好随时准备纸巾或者毛巾，安慰孕妈妈。她的心就像水晶一样干净、透明，需要你的呵护。

第43~44天
温柔的《月光》洒在身上

在传统文化中，月亮是纯洁、美丽的化身，尤其是《嫦娥奔月》的故事为它添了一抹梦幻的色彩。孕妈妈晚上睡不着的时候，可以看看窗外的月光，会觉得心情无比平静。

这样听名曲

《月光》是法国印象派作曲家德彪西的作品，是受象征派诗人魏尔伦同名诗歌影响写成的。1884年，德彪西赴意大利留学，游历了意大利北部的贝加摩地区，那里美丽的风光给他留下了深刻的印象。

月光静静地洒在人间，整个天地像一个童话的世界。夜空中点缀着几颗星，原野沉寂着，一切是那么安静祥和。月光如水般倾泻，缓缓流淌。每一个音符，都像流动跳跃的水滴，奏响着自己的音乐。

孕妈妈可以闭上眼，想象一下：朦胧的月光洒在树梢上，树林发出沙沙的声音，月影婆娑，林间的小溪水波流转，闪着点点荧光……在这音乐描绘的迷人月色中进入甜美安逸的梦乡，那是多么惬意的事情。

完美准爸爸训练营

准爸爸虽然不能为孕妈妈摘天上的星星，却可以把月光作为礼物送给孕妈妈。礼品店中的玻璃球中常常蕴藏着一个小小的世界，准爸爸可以挑选可爱的款式，让孕妈妈收获惊喜。

第 45 天

妈妈宝宝猜灯谜

如果今天不想读故事，孕妈妈就来猜几则灯谜吧，拿出上学时新年联欢会上猜灯谜的劲头，看看你能猜出多少。胎宝宝现在当然还不会猜，这些看起来有些幼稚的游戏却可以帮孕妈妈调适心情。等到 4 个月，胎宝宝有了听力之后，你可以再翻回来，把这些好玩的谜语当作儿歌念给他听。

灯谜，即写在彩灯上面的谜语，灯谜萌芽自春秋战国，三国时代盛行，在宋代，人们将谜条系于五彩花灯上供人来猜，明清时代猜灯谜在民间已经普及，向来被文人名士所钟爱。

1. 海棠开后落残梅（打一字）
2. 桃花潭水深千尺（打一成语）
3. 情急无心垂钓钩（打一字）
4. 风雨空中雁阵斜（打一字）
5. 年终岁尾，不缺鱼米（打一字）
6. 除夕夜守岁（打一歇后语）
7. 仲尼日月（打一古人名）
8. 五句话（打一成语）
9. 万年青（打一成语）
10. 十五天（打一字）
11. 上无兄长（打一字）
12. 春去也，花落无言（打一字）
13. 一家十一口（打一朝代）
14. 上上下下，不上不下（打一字）
15. 一见钟情（打五言唐诗一句）

1. 淌
2. 无与伦比
3. 静
4. 佩
5. 鳞
6. 辞旧迎新
7. 孔明
8. 三言两语
9. 长生不老
10. 胖
11. 歌
12. 榭
13. 周
14. 卡
15. 相看两不厌

完美准爸爸训练营

孕妈妈猜完了灯谜，准爸爸可以把家里喝酸奶剩下的酸奶杯找来洗净，和孕妈妈一起发挥创意，做一个漂亮的彩灯。

第46天
给宝宝讲《小马过河》

孕妈妈还记得《小马过河》的故事吗？胎宝宝很喜欢听故事，他对外面的世界充满好奇，多给他讲讲动物们的故事，他以后会热爱自然、热爱生活的。

有一天，马妈妈要小马驮着两袋麦子去磨坊。

小马驮起口袋，飞快地往磨坊跑去。跑着跑着，一条小河挡住了去路，河上没有桥，河水哗哗地流着。小马为难了，心想：我能不能过去呢？

小马向四周望望，看见一头老牛在河边吃草，小马跑过去，问道："牛伯伯，请您告诉我，这条河，我能蹚过去吗？"老牛说："水很浅，刚没小腿，能蹚过去。"

小马听了老牛的话，立刻跑到河边，准备过去。突然，从树上跳下一只松鼠，拦住他大叫："小马小马！别过河，别过河，危险！"小马吃惊地问："水很深吗？"松鼠认真地说："深得很哩！昨天，我的一个伙伴就掉进了河里！"小马连忙收住脚步，不知道该怎么办才好。他叹了口气说："唉！还是回家问问妈妈吧！"

小马甩甩尾巴，跑回家去，问妈妈该怎么办。妈妈听完他的故事，亲切地对小马说："孩子，只听别人说，自己不动脑筋，不去试试是不行的。"

小马跑到河边，刚刚抬起前蹄，松鼠又大叫起来："小马！太危险了！你不能这么做！"小马说："让我试试吧！"他小心地蹚到了对岸。原来河水既不像老牛说得那样浅，也不像松鼠说得那样深。对他来说刚刚可以过去。

只有亲自试一试，才知道河水到底有多深。

完美准爸爸训练营

孕妈妈现在情况特殊，不太适合总去人多的地方。准爸爸可以去超市、书店买一些认知卡片，尤其是色彩鲜艳的动物卡片。准爸爸一边拿着卡片，一边告诉胎宝宝卡片上是什么动物、它有哪些特点，他会很开心的。

第 47 天
给冬天涂上漂亮的颜色

孕妈妈可以根据自己末次月经的时间来推算自己的预产期，看看宝宝会在什么日子降生。不管是万物复苏的春天，还是百花争艳的夏天，抑或果实飘香的秋天……胎宝宝都能领略大自然的美好景色。即使降生在寒冷的冬天，不能出去欣赏美景，孕妈妈也可以用画笔为宝宝描绘一个多彩的冬天。

想象一下宝宝在冬天会穿什么颜色的衣服和鞋子，用彩笔在下面的画中涂上你喜欢的颜色吧。孕妈妈甚至可以给雪花也涂上颜色，绿色的，黄色的，虽然不合常理，但是看到这样新奇的雪花，孕妈妈的心情一定会开朗起来。

完美准爸爸训练营

冬天天气好的时候，准爸爸可以带孕妈妈一起出去堆雪人。记得给孕妈妈准备厚厚的手套，别让她摘下来。如果孕妈妈身体不便，可以看看公园里的孩子们堆雪人，这些童心会让孕妈妈幸福感倍增。

第48天 吉祥如意的虎头鞋

胎宝宝已经在孕妈妈的腹中“安营扎寨”了，他正稳稳地靠着孕妈妈的身体，和孕妈妈越来越亲密。孕妈妈想好了要送给他什么礼物吗？是一件可爱的小衣服，还是一个五彩绳呢？如果没有想好，可以试着做一双虎头鞋，或者去超市买。

虎头鞋的美好寓意

顾名思义，虎头鞋的鞋头是虎头的模样，是传统民间工艺的代表之一，寓意着吉祥如意、福气冲天、健康平安。虎头鞋是一种吉祥物，人们赋予它驱鬼辟邪的功能。在宝宝百天以后，人们为他穿上虎头鞋，希望他像老虎一样耳聪目明、英勇无畏。有些地方很有特色，还会给宝宝戴虎头帽，裹虎头兜肚，用虎头围嘴，睡虎头枕等。

穿虎头鞋对宝宝的脚丫有利

虎头鞋的实用价值不言而喻，宽敞的内部空间和宽阔的鞋底，既有利于宝宝脚丫的生长发育，又可以防寒保暖；既能满足宝宝脚丫的安全防护，又能使鞋子大面积地接触地面，帮助宝宝脚踏实地、稳步行走。

虎在人们心中的形象

虎的额头有像“王”字的花纹，自古受到中国人的喜爱和崇拜，被尊为“圣兽”。老虎体魄雄健，行动敏捷，代表着勇猛、威严，是当之无愧的百兽之王。人们还创造了“虎啸”“虎虎生威”等词汇，对虎充满崇拜和敬畏。孩子从小到大，难免遇到一些磕磕绊绊，人们不仅希望孩子能健壮成长，而且希望他能长得虎头虎脑，虎虎实实，具有和虎一样的内在气质。人们为了祝福他，就借用虎或虎头图案来达到避祛一切邪祟、增加孩子“虎气”的目的。

完美准爸爸训练营

虎头鞋并不好买，准爸爸可以网购，然后在下班之后，送到孕妈妈手上，给她一个大大的惊喜。

第49~50天
为你吟诵《我的歌》

孕妈妈喜欢唱歌吗？如果喜欢，就把它轻轻哼唱出来，胎宝宝很喜欢你的声音呢；如果不太擅长，就吟诵一些诗歌吧！那优美的旋律和隽永的辞藻，会让你在诗歌的国度里，幸福地徜徉。

我的小孩呀，我这一支歌将扬起它的乐声围绕你的身旁，好像那爱的热恋的手臂一样。我这一支歌将接触着你的前额，好像那祝福的接吻一样。

当你只是一个人的时候，它将坐在你的身边，在你耳旁微语；当你在人群中的时候，它将远远地围着你、保护着你。

我的歌又好像一双属于你梦境的羽翼，它将把你的心移送到不可知的岸上去。

当黑夜覆盖在你路上的时候，它又像那照临在你头上的忠实的星光一样。

我的歌又将坐在你眼睛的瞳仁里，将你的视线带入万物的心里。

我的歌声虽因死而沉寂，但是我的歌仍将从你活泼的心中唱出来。

——泰戈尔（印度）

孕妈妈的歌为胎宝宝张开了充满希望的翅膀。

完美准爸爸训练营

准爸爸下班之后，可以去书店逛一逛，买一本诗集，回家读给孕妈妈听，再播放一些柔和的音乐，将会十分浪漫。

第51天

《孟母三迁》的深深母爱

孕妈妈就像水一样，温柔、亲和；准爸爸就像山一样，宽厚、威严。胎宝宝一直很喜欢听爸爸妈妈的话，以后也会是个乖宝宝。孕妈妈多给他讲讲故事，让他明白道理，真是一件幸福的事。

孟子小时候很贪玩，模仿能力很强。他家原来住在坟地附近，他常常玩筑坟墓或学别人哭拜的游戏。母亲认为这样不好，就把家搬到集市附近，孟子又模仿别人做生意和杀猪的游戏。孟母认为这个环境也不好，就把家搬到学堂旁边。孟子从此就跟着老师学习礼节和知识。孟母认为这才是孩子应该学习的，心里很高兴，就不再搬家了。这就是历史上著名的“孟母三迁”的故事。

有一天，孟子逃学回家，孟母正在织布，看见孟子，非常生气，拿起一把剪刀，就把织布机上的布匹割断了。孟子看了很惶恐，跪在地上请问原因。孟母责备他说：“你读书就像我织布一样。织布要一线一线地连成一寸，再连成一尺，再连成一丈、一匹，织完后才是有用的东西。学问也必须靠日积月累，不分昼夜勤求而来。你如果偷懒，不好好读书，半途而废，就像这段被割断的布匹一样没用。”

孟子听了母亲的教诲，深感惭愧。从此以后他专心读书，发愤用功，身体力行，实践圣人的教诲，终于成为一代大儒，被后人称为“亚圣”。

完美准爸爸训练营

通过故事，孕妈妈和准爸爸可以明白环境对孩子的成长起着多么重要的作用，因此，孕妈妈和准爸爸就要注意自己的言行了，胎宝宝现在就开始了学习，一定要给他做个好榜样。

昔孟母，择邻处。
子不学，断机杼。

第52天
《达·芬奇学画》的精神

为了补充蛋白质，孕妈妈可能已经吃了很多鸡蛋了。那么，孕妈妈还记得达·芬奇画鸡蛋的故事吗？培养胎宝宝的耐心与恒心，是一件不容易的事情呢！就让这个小故事，陪伴他成长吧！

达·芬奇14岁那年，到佛罗伦萨拜著名艺术家弗罗基俄为师。弗罗基俄是一位很严格的老师，他给达·芬奇上的第一堂课就是画鸡蛋。

开始，达·芬奇画得很有兴致，可是第二课、第三课老师还是让他画鸡蛋，这使达·芬奇想不通了，小小的鸡蛋有什么好画的？有一次，达·芬奇问老师："为什么老是让我画鸡蛋？"老师告诉他："鸡蛋虽然普通，但天下没有绝对一样的，即使是同一个鸡蛋，角度不同，投来的光线不同，画出来也不一样，因此，画鸡蛋是基本功。基本功要练到画笔能熟练地听从大脑的指挥，得心应手，才算工夫到家。"

达·芬奇听了老师的话，很受启发。他每天拿着鸡蛋，一丝不苟地照着画。一年，两年，三年……达·芬奇画鸡蛋用的画纸已经堆得很高了。他的艺术水平很快超过了老师，成为了伟大的艺术家。

懂得了积累和坚持的道理，宝宝将来不管做什么都会成功的。

完美准爸爸训练营

准爸爸可能已经戒烟戒酒好久了，不过，千万不要中途放弃。就像达·芬奇画鸡蛋一样，你的坚持就是胎宝宝健康快乐的最大保障。

第53天

梦回大唐，《贵妃醉酒》

传统文化博大精深，孕妈妈最喜欢哪些呢？给胎宝宝放音乐的时候，孕妈妈也可以放些古典音乐、戏剧等，让他早早接受文化的熏陶。

欣赏京剧《贵妃醉酒》

《贵妃醉酒》又名《百花亭》，源于乾隆时一部地方戏《醉杨妃》的京剧剧目，该剧经京剧大师梅兰芳倾尽毕生心血精雕细刻、加工点缀，成为梅派经典代表剧目之一。

此剧所描写的是：唐玄宗时，贵妃杨玉环深受宠爱，相约共饮百花亭。然而届时玄宗爽约，玉环久候不至，询问太监高力士，方知玄宗已转驾西宫江妃处，杨玉环怨艾至甚，遂独酌豪饮，宣泄忧烦，终沉醉回宫。

《贵妃醉酒》的突出特征是载歌载舞，通过优美的歌舞动作，细致入微地将杨贵妃期盼、失望、孤独、怨恨的复杂心情一层层揭示出来。通过衔杯、卧鱼、醉步、扇舞等，孕妈妈可以欣赏到京剧的特色之处，这也是京剧最有名的一出“醉”戏。

而且，传神的神态妆容、精美的服饰造型、巧妙的饰物搭配等手法，生动地刻画出犹如一株高贵牡丹般丰腴娇艳、又令人感慨万千的醉美人“杨贵妃”。

孕妈妈看了，是不是心里有些小激动呢？要知道，怀孕之后胖一点儿也可以很漂亮，这是孕期独有的风韵呢！

进入微胖界的孕妈妈，颇有唐朝美女的风韵呢！

完美准爸爸训练营

如果准爸爸性格幽默，可以比划几下，或者学唱一下《新贵妃醉酒》。学得不像没关系，孕妈妈最喜欢看准爸爸哄她开心了。

第54天

给宝贝做个小风铃

传统文化中，人们认为风铃能带来好运。今天，孕妈妈可以动动手，做一个漂亮的风铃。听着它的声音，孕妈妈会觉得心情十分宁静。

材料准备：口服液空瓶（保留橡胶帽）、针、线、圆纸盘、彩纸。

制作方法：

1 找一些口服液空瓶，把它们洗净。

2 用彩纸分别把空瓶都包起来，并黏好。

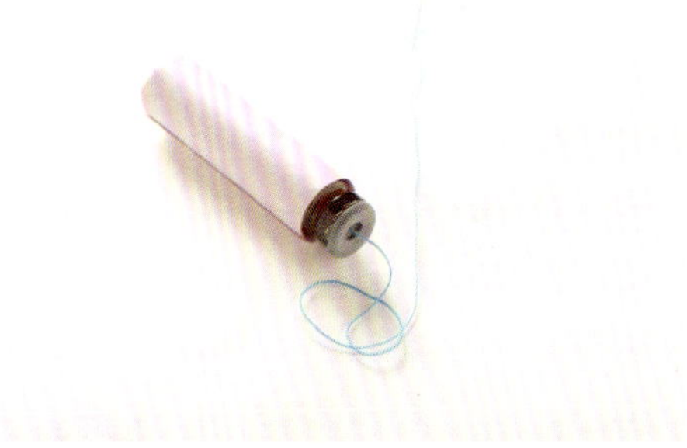

3 将空瓶都从瓶口处用针穿一根细线，长度稍有差别。

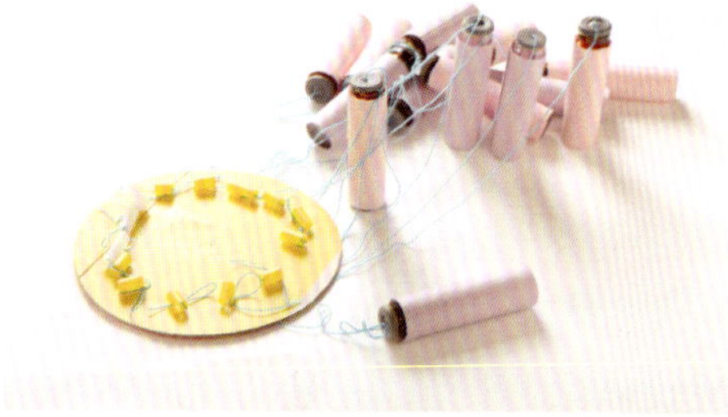

4 将绳子的另一端分别固定在圆纸盘上，围成一个圆。

完美准爸爸训练营

准爸爸可以帮助孕妈妈做风铃，比如帮她洗瓶子、黏彩纸。等孕妈妈做好了，准爸爸可以把风铃和孕妈妈的笑容一起拍下来，留作纪念。

第55~56天
勤劳快乐的《拾穗者》

麦田常常被人们冠以期待、守望的含义。金色的麦田里，有着辛勤的劳动，也有着丰收的喜悦。孕妈妈看到金色的麦田会不会想到胎宝宝呢？他呀，是你带给世界的天使呢！

这幅画的作者是法国现实主义画家让·弗朗索瓦·米勒，它以朴实的画面赢得了人们的喜爱。

田野上，三个农妇正弯腰拾起遗落的麦穗。仔细观察画面，会发现她们的动作十分和谐，像处于不同时间段的三个动作，连接起来，如同连环画一样流畅。

光照射在她们身上，使她们显得如同古典雕刻一般庄重。

完美准爸爸训练营

周末的时候，准爸爸可以带孕妈妈去美术馆看一看，尤其是有主题画展的时候。美术馆里沉淀着艺术，可以陶冶心灵，让孕妈妈和胎宝宝都感受到艺术的魅力。

孕3月
睡前属于我们仨的对话

从第3个月开始，胎宝宝所有的器官、肌肉、神经开始工作。小家伙的胳膊已经长出，双脚可以在身体前面碰在一起了。

而孕妈妈此时会出现晨昏乏力、身体不适、恶心呕吐、尿频等症状。另外，孕激素分泌增多，会导致孕妈妈情绪烦躁。这时候注意放松心情，多听音乐、看看散文。准爸爸也要多体谅，在生活中多加关心，尤其是细节上。贴心的照顾会让孕妈妈心里暖暖的。此时此刻，也是见证你们爱情的美好时光。

第 57 天
孕育的惊喜

孕 3 月的时候，不少孕妈妈都知道自己已经怀孕的消息，正处于激动的时刻。在日常生活中，除了保持健康的生活习惯外，注意以下细节，会让你的孕期更顺利。

孕 3 月健康生活宜忌

宜

孕妈妈有时会由于唾液积存而感觉恶心加重，这时候喝一点稀释过的柠檬汁能起到缓解作用。

现在每天喝水时应注意，早餐前先喝一杯温开水，可以促进肠胃蠕动，利于排便，防止痔疮。

即便孕吐反应比较厉害，孕妈妈也要在肠胃较舒适时尽量多吃些水果、蔬菜、豆制品或坚果类小零食，以此保证自己和胎宝宝的营养。

现在孕妈妈乳房胀大，腰围也增大，别忘了更换大的胸衣和内裤，这样会感觉舒服些。

为了及时了解自己的身体状况，孕妈妈最好穿浅色的内裤，如果发现轻微出血要及时就医。

忌

如果孕妈妈在短时间内出现体重下降和剧烈呕吐的症状，就要及时去医院检查。

孕妈妈要控制奶制品摄入量，不能既喝孕妇奶粉，又喝牛奶、酸奶等，这样会增加肾脏负担。

受激素的影响，皮肤的皮脂腺分泌量会增加，有些孕妈妈脸上会长痘痘，但是不要随意涂抹祛痘药膏。

不要再逞强工作，把怀孕的事情一藏再藏。孕妈妈可以向上司和同事说明身体情况，以便大家能体谅你的处境。

由于身体的变化，孕妈妈需要购买一些宽松舒适的内衣。

完美准爸爸训练营

孕妈妈和准爸爸分享了孕育新生命的惊喜，接下来要做的事情意义十分重大。准爸爸不但要更加细心，还要做好思想准备，多学习一些孕产知识，帮助孕妈妈快乐地度过孕期。

第58天

有益健康的《早操歌》

孕妈妈、准爸爸、胎宝宝就是一个幸福的小家。每天，一家人都沐浴在温暖中。那个小小的胎宝宝，正享受这样的时光，呼呼大睡呢！和他说说话，让他快点融入到这个家庭中，是多么美好呀！

大公鸡，喔喔叫，外面的世界多美妙。
大家快快来做操，间隔距离保持好。
小花猫，喵喵叫，摇摇脑袋舔舔毛。
养成锻炼好习惯，做个健康的乖宝宝。
小海鸥，真勇敢，飞得高来飞得远。
我们学习小海鸥，不怕辛苦不怕难。
企鹅弟弟站一排，走起路来摇又摆。
互帮互助最团结，聪明伶俐人人爱。
小猴子，真顽皮，望望东来望望西，
你们快快排好队，快快乐乐做游戏。
小黄莺，高声叫，小朋友们齐欢笑。
天天锻炼身体棒，我们的世界真美好。

小花猫，喵喵叫，
伸展运动做得好。

完美准爸爸训练营

孕妈妈哼唱这首儿歌的时候，准爸爸可以做一些夸张的动作，比如学公鸡叫、学企鹅走路、学小猫走猫步……你的童心无限也会影响到胎宝宝，将来他长大了，就是你的铁杆粉丝呢！

第59天 倾听爱的声音

爱有声音吗？有呀，还有很多呢！虽然胎宝宝现在还听不到声音，但他可以感受到孕妈妈和准爸爸的爱。

爱的声音有很多

孕妈妈的笑声、孕妈妈的心声，甚至是孕妈妈的呼吸声，都是爱的声音。胎宝宝在孕妈妈的腹中，感受到孕妈妈的肠鸣声、心跳声会觉得很安心。感受到孕妈妈的笑声，他也会很开心——妈妈开心，胎宝宝就会开心。

孕妈妈愉悦的心情，会让肚子里的宝宝也快乐起来。

欣赏名曲《爱的喜悦》

胎宝宝的降临，一定会带给孕妈妈无尽的喜悦，相信孕妈妈也一定会把自己的爱倾注到胎宝宝身上。

《爱的喜悦》是奥地利作曲家克莱斯勒的代表性名曲。此曲运用了维也纳乡土旋律的幻想小曲。首先是一段维也纳古都风采的序奏旋律出现，接下来的中段旋律为缓慢的行板，十分温厚亲切，B大调，3/4拍，徐缓的圆舞曲，之后由序奏材料引出来的第一段旋律再现，全曲结束。

这首曲子的内容很充实，全曲充满喜悦欢乐的情调。在节奏欢快的音乐下，孕妈妈的心情自然很愉快，同时有助于胎宝宝的健康成长。

完美准爸爸训练营

为了让孕妈妈在上班的时候也能听到准爸爸的声音，准爸爸可以用孕妈妈的手机录音，比如唱一首深情的歌，或者是一首十分可爱的儿歌。孕妈妈想听的时候，准爸爸的歌声就能带给孕妈妈温暖和快乐。

第60天 种一盆有意义的花草

在快乐的孕期里，孕妈妈不妨种一盆绿植。在你的花盆里，撒一粒种子，只要你精心地照看它、浇灌它，它就会健康成长。看着它从一棵破土而出的嫩芽，慢慢长到亭亭玉立，这个过程，像不像胎宝宝的成长轨迹呢？

在阳台上种菜

现在都流行在阳台上种菜，孕妈妈也可以试试哦，不仅可以装饰居室，净化空气，还能为孕妈妈和胎宝宝提供纯天然的绿色食物呢！

从没种过花草的孕妈妈可以从种植简单盆栽开始，家里的生姜、大蒜长芽了就不能吃了，但是种在花盆里，看它们一天天长大，也是令人欣喜不已的事情。

让充满生机的花草伴随胎宝宝成长。

种一盆有意义的花草

很多孕妈妈喜欢花，更喜欢倾听花语。雏菊的花语是“隐藏在心中的爱”，和孕妈妈的心情是不是很相似呢？红色的风信子的花语是“感谢你，你的爱充满我心中”，这样的情感，是不是孕妈妈最初知道胎宝宝到来时的感动呢？黄色的风信子的花语是“幸福、美满，与你相伴很幸福”，这样的温馨会不会让孕妈妈会心一笑呢？

不管是种菜还是种花草，嫩芽冒出时的惊喜，抽枝展叶时的愉悦，花朵盛放时的欣喜，采摘收获时的满足……这些都是幸福的瞬间，孕期的日子里有了甜蜜的期盼，变得生机勃勃、绿意盎然起来。

完美准爸爸训练营

准爸爸可以帮助孕妈妈提水、施肥，和她一起打理这些花花草草，还能顺便给宝宝讲些关于植物的小知识，等胎宝宝出生，和他一起分享种植的快乐。

第61天
《鸟与音乐》精灵的歌唱

孕妈妈去公园散步的时候一定注意到了吧？鸟儿的叫声总是那么清脆，仿佛在提醒着人们生活是多么美好。它们停在电线上的时候，就像一个个小音符跳跃在五线谱上；它们停在树上的时候，就像一个个可爱的小精灵。听一听鸟叫声，让胎宝宝也感受一下这美好的世界吧！

看见鸟儿的时候，我的耳朵总是自然想起音乐。

稻田里白鹭鸶飞翔的姿势，使我听见了小提琴的声音，从容，优美，而有自尊。

雨后剪着尾羽的燕子，时张时弛，使我听见了钢琴的声音，欢愉，跳跃，而昂扬。

山谷里盘飞展翼的鹰，使我想起了大提琴的声音，喑哑低沉，带着一些孤寂与淡淡的忧郁。

追着渔船波浪的海鸥，使我想起了竖琴的声音，繁复但理性，有着生活的雅韵。

屋边成群的麻雀，它们热烈地交谈，使我听见了庙会里的北管，急管繁弦，仿佛进香的人潮。

黄昏出来觅食的蝙蝠，使我们听见了洞箫的声音，乌乌的，带着沉重没有目标漂流的感觉。

在高楼大厦上面绕圈的鸽子，使我们听见了胡琴，缠绵，反复，带着无奈。

有一次在垦丁公园看成群的候鸟，此起彼落，竟听见了琵琶声，声声都有关外的风。

而常常在听音乐的时候，闭上眼睛就看见鸟飞翔的样子，有时配着海浪，有时配着平原，有时配着森林……

每在这些时候，我总觉得人的五官并没有分别。

——林清玄

完美准爸爸训练营

也许你们生活的地方鸟儿不是很多，没关系，准爸爸可以找来“班得瑞”的乐曲让孕妈妈听一听，那里面有大自然和鸟鸣的声音。

第62~63天 勇于追求的《夸父逐日》

孕妈妈和准爸爸小时候应该也听过《夸父逐日》的故事吧！这个故事告诉人们的，就是自强不息、乐于奉献的精神。胎宝宝还不懂这些，孕妈妈可以通过讲故事的方式不断重复。等胎宝宝长大了，他会对这些故事有深刻印象的。

远古时候，有座高山。山林深处，生活着一群巨人，他们的首领叫作夸父。

有一年，天气非常热，树木被晒焦了，河流也干枯了。夸父看到这种情景很难过，他告诉族人："我要捉住太阳，让它听从人的指挥。"

胎宝宝也在向着光明和希望成长。

第二天，太阳刚刚从海上升起，夸父就向着太阳升起的方向追去。夸父跑累了的时候，就微微打个盹，将鞋里的土抖落在地上，这些土形成了大土山。饿的时候就摘野果充饥。

终于，夸父追上了太阳。可是太阳炽热异常，夸父感到又渴又累。他喝光了黄河与渭河的水，仍不解渴，于是向北跑去，因为那里有纵横千里的大泽。

但是，夸父还没有跑到大泽，就在半路倒下了。

夸父倒下的时候，牵挂着自己的族人，于是将手中的木杖扔出去。木杖落地的地方，生出郁郁葱葱的桃林。这片桃林为人们遮阳，结出的鲜桃为人们解渴，让人们精力充沛地踏上旅程。

完美准爸爸训练营

准爸爸的思维一般比较理性、抽象，所以，准爸爸可以发挥自己的特长，告诉胎宝宝为什么太阳从东方升起、从西方落下，为什么太阳会发光……你讲的这些，都是非常好的胎教素材，胎宝宝会从中受益的。

第64天 喜庆的《吹芦笙》

孕妈妈看到身边的朋友、同事的宝贝，是不是觉得很羡慕呢？不要着急，你也有属于自己的宝贝，而且，他很聪明可爱哦！

关于芦笙的传说

相传，远古时期大地一片荒凉。那时，苗族祖先靠着狩猎飞禽走兽生存，为了解决捕获鸟兽的困难，一个心灵手巧的小伙子砍下树木和竹子，做了支芦笙，模仿鸟兽的鸣叫，还边吹边跳。

从此以后，人们狩猎鸟兽的成功率越来越高，芦笙舞就成了苗族人民生活的一部分，并流传下来。

欣赏年画《吹芦笙》

这张年画不仅形象生动活泼，还包含了浓郁的民族韵味，尤其是这个可爱的胖娃娃是不是让你感觉特别亲切，特别可爱呢？

将来呀，胎宝宝也会长得胖乎乎的，小胳膊小腿上都是肉肉的，一笑，还有两个小酒窝，可爱极了。

孕妈妈可以经常看一些这样的图画，既能欣赏到民间艺术，又能收获一份快乐心情。而且您也不妨插上想象的翅膀，想想将来和宝宝一起吹芦笙，跳芦笙舞的情景，是不是既渴望又兴奋呢？

完美准爸爸训练营

年画总是洋溢着吉祥如意、心想事成、合家欢乐、五谷丰登的气息。准爸爸不妨买几张年画，挂在家里十分吉利。

第65天
亲爱的宝宝，《树真好》

孕妈妈还记得大树下的时光吗？风儿、鸟儿、叶儿都在唱歌，它们好像在说：“生活真美好，每天都要笑一笑。”孕妈妈，今天你笑了吗？

树真好，小鸟可以在树上筑巢，
每天天一亮，小鸟就会唧唧喳喳地叫。
树真好，能挡住大风，
不许风吵吵闹闹，到处乱跑。
树真好，我家屋子清清爽爽，
阵阵风儿吹，满树花香往屋里飘。
树真好，我们全家在树荫下野餐，
大家吃得很香，说说笑笑，热热闹闹。
树真好，天好了，树下铺着阴凉儿，
我和我的小猫咪，躺在树下睡午觉。
树真好，如果有一只大狗来追我的小猫，
小猫爬上大树躲起来，气得大狗“汪汪”乱叫。
树真好，我做个秋千挂在树上，
让我的布娃娃坐上去，摇啊摇。
树真好，树叶在秋风里飘呀飘，
树下铺着树叶地毯，我们可以在上面滚来滚去，跑跑跳跳。

完美准爸爸训练营

天气好的时候，准爸爸和孕妈妈可以一起去外面遛弯，听一听大自然的声音，比如风吹动树叶、河流冲击石子、小鸟相互之间叽叽喳喳地在说话……一切都是那么美好。

第 66 天
防治孕吐的神奇果蔬汁

孕 3 月，孕妈妈的营养也要跟进了，因为孕妈妈要面对的可能是“来势汹汹”的孕吐反应。除了准爸爸的贴心照顾，下面的食疗方法也会帮助孕妈妈度过难关的。

甘蔗姜汁

原料：甘蔗 500 克，姜 25 克。

做法：

1. 甘蔗洗净，去皮，用榨汁机榨汁，过滤。

2. 姜洗净，捣碎取汁。

3. 将两种汁倒在一起，搅拌均匀即可。

鲜柠檬汁

原料：鲜柠檬 1 个，白糖适量。

做法：

1. 鲜柠檬洗净，去皮，去核，切成小块。

2. 加适量水后，用榨汁机榨汁，再根据个人口味加少许白糖调味。

枇杷蜂蜜汁

原料：枇杷 10 个，蜂蜜适量。

做法：

1. 枇杷洗净，去皮，去子，切块。

2. 将切好的枇杷块放入榨汁机中，加适量水。

3. 榨汁后倒出，加蜂蜜调味即可。

鲜榨果蔬汁既能补充营养，还可缓解孕吐。

完美准爸爸训练营

早晨，准爸爸起得早的时候，可以为孕妈妈准备一些果蔬汁，能够有效缓解孕妈妈的呕吐症状。绿叶蔬菜和味道酸酸的水果都是很好的食材，准爸爸可以多多榨汁，尤其是柠檬，味道还很清新。

第67天
边玩边学，英语也有趣

孕妈妈平时可以看些英语原版电影或者动画片，这样学得既地道又有趣；还可以播放一些英文儿歌给胎宝宝听；还可以跟胎宝宝进行一些很简单的英语对话，将每天看到的、听到的事情用简单的英语描述给胎宝宝。

We Wish You a Merry Christmas

We wish you a Merry Christmas. 祝你圣诞快乐。

We wish you a Merry Christmas. 祝你圣诞快乐。

We wish you a Merry Christmas, and a happy new year! 祝你圣诞和新年快乐！

Good tidings to you. Wherever you are. 无论你在哪里，都会给你喜讯。

Good tidings for Christmas, and a happy new year! 带给你圣诞和新年的喜讯！

We wish you a Merry Christmas. 祝你圣诞快乐。

We wish you a Merry Christmas. 祝你圣诞快乐。

We wish you a Merry Christmas, and a happy new year!

祝你圣诞和新年快乐！

My dear baby, wish you
happy forever!

完美准爸爸训练营

胎宝宝还小，不能接受太复杂的东西，准爸爸可以在一段时间内反复放一首简单的英文歌曲或儿歌，增强胎宝宝对语言的敏感度。

第 68 天 做做运动更养胎

孕期生活规律、饮食均衡、心态平和，是非常好的调整。孕妈妈做一些简单的运动，多出去走走，对身体非常有益处。

哼着小调做家务

怀孕之后，孕妈妈就开始变得小心翼翼起来。不过，做一些简单的家务还是可以的，比如切菜、洗碗、打扫卫生等。至于那些需要用力、久站、下蹲、俯身或者有辐射、冷热刺激的家务，需要暂时交给准爸爸来做了。

适当的家务可以让孕妈妈动起来，保持气血和畅，经络畅通。如果在做家务的时候哼着小调，或者放一些舒缓、优雅的音乐，还能让孕妈妈心情愉快。

随着妊娠周数的增加，孕妈妈的肚子越来越大，本身的负荷就很重，身体不那么灵活了，所以孕妈妈做家务时，要以“缓慢、舒适”为原则，并以不压迫到肚子的姿势进行。

锻炼腹部的运动

孕妈妈的子宫在迅速长大，本周可以锻炼支持子宫的腹部肌肉，注意动作一定要舒缓。

屈腿运动：平躺，单腿屈起，伸展，屈起，伸展，左右各 10 次。双膝屈起，单腿上抬，放下，上抬，放下，左右各 10 次。

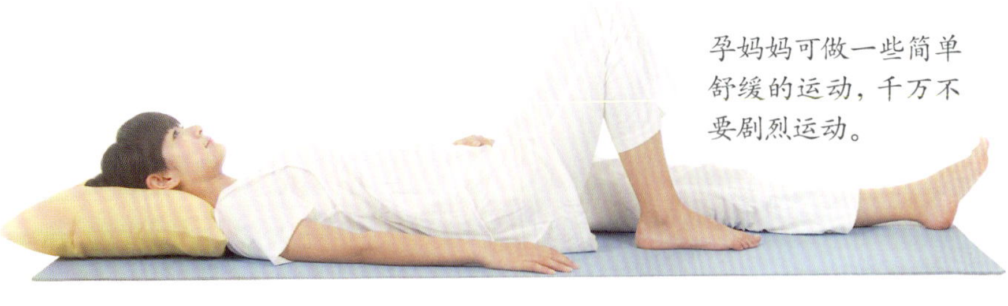

孕妈妈可做一些简单舒缓的运动，千万不要剧烈运动。

完美准爸爸训练营

孕妈妈做运动胎教的时候，准爸爸最好在旁边。这样既能给孕妈妈吃“定心丸”，又能让孕妈妈感觉自己被重视着，心里十分温暖。

第69~70天 聆听《春之歌》

这个月，孕妈妈依旧可以和胎宝宝一起分享，将自己所听音乐的感受讲述给胎宝宝听，让小小的他能够一起感受。

这样听名曲

很多孕妈妈在这个月会出现晨吐的现象，身体上的不适可能会让孕妈妈觉得心烦意乱与苦恼，其实这些都是正常的现象，孕妈妈不必焦虑，这是胎宝宝用特殊的方式宣告他的到来。正如“春之歌”，这些信号更像孕妈妈生命中的春天，带来了蓬勃的气象，相信孕妈妈可以在音乐中找到做母亲的感觉，同时让自己的情绪得到调整，为胎宝宝的健康发育做好充足的准备。

德国犹太裔作曲家门德尔松的《春之歌》，以如歌的旋律、丰富的和声，描绘了春回大地、生机盎然的景象。孕妈妈在清晨起床时打开CD，听听这首乐曲，让一整天都能收获恬静、舒适的轻松感。它凭借流水般轻柔的浪漫旋律，让人沉醉于快乐的气氛中。曲式虽简单，但十分巧妙地应用了装饰音，从而利用钢琴的演奏创造了无与伦比的效果。

完美准爸爸训练营

由于孕吐开始变得频繁，孕妈妈的身体状态会变差。准爸爸可以准备一些孕妈妈爱吃的零食，尤其是松子、花生、葡萄干等，既能让孕妈妈开开心心的，又能补充营养。

第71天

胎宝宝学百科：植物种子

胎宝宝来到孕妈妈和准爸爸的世界，带来了满满的幸福。他就像一粒种子，生根、发芽，慢慢长大。自然界里的植物是怎么繁衍的呢？胎宝宝很好奇，孕妈妈和准爸爸一起来看看吧！

高手如云的植物种子

爆破高手：豌豆种子在豆荚中发育成熟后，被暖洋洋的太阳照着，豆荚“啪”的一声破裂后，种子就落到地上，蹦蹦跳跳地离开了家，在合适的地方开始生根发芽。

跳伞高手：蒲公英种子上有一把毛茸茸的小伞，风一吹，小伞就带着种子飘啊飘，飘到很远的地方去安家。杨树、柳树的种子也有着轻柔的绒毛，它们也需要风婆婆的帮助，乘着春风自由飞翔，飞到遥远的地方。

漂流高手：椰子的果皮分为三层，外层薄而光滑，质地致密，抗水性较好；中层厚而松散，充满空气；内层是坚硬的果核，保护着里面的椰子肉。椰子成熟后，就会落在海上，然后在适宜的海岸上生根发芽。

武装高手：苍耳种子的外壳坚硬，长满了小倒钩，可以轻松地挂在动物的皮毛上。之后，它就要和动物们一起旅行了。过了一段时间，动物们感觉不适，就会抖动身体。苍耳的种子落在地上，旅程就结束了。

喷射高手：喷瓜不是瓜，而是葫芦科的植物。它长着一个又一个带着毛刺的小“瓜”，喷瓜成熟便会脱落，并从顶端将瓜内的种子连同黏液一起喷射出去，这就像一个鼓足了气的皮球被刺破了，射程可达5米。

完美准爸爸训练营

其实，生活中有很多奇妙的事情等待着你们与胎宝宝分享。准爸爸可以说一说自己最擅长的，比如足球、篮球，将来他可以陪你一起看世界杯、NBA呢！

第72天

童年的那朵《金色花》

孕妈妈会偶尔回忆起自己的童年吗？那段时光呀，真的是很美好。清清的河水、微微的风，还有满院子的花。孕妈妈可以把自己的童年故事讲给胎宝宝听，既放松了自己的心情，又增加了他对妈妈的了解。

假如我变了一朵金色花[①]，只是为了好玩，长在那棵树的高枝上，笑哈哈地在风中摇摆，又在新生的树叶上跳舞，妈妈，你会认识我吗？

你要是叫道："孩子，你在哪里呀？"我暗暗地在那里匿笑，却一声儿不响。

我要悄悄地开放花瓣儿，看着你工作。

当你沐浴后，湿发披在两肩，穿过金色花的林荫，走到你做祷告的小庭院时，你会嗅到这花的香气，却不知道这香气是从我身上来的。

当你吃过中饭，坐在窗前读《罗摩衍那》[②]，那棵树的阴影落在你的头发与膝上时，我便要投我的小小的影子在你的书页上，正投在你所读的地方。

但是你会猜得出这就是你的小孩子的小影子么？

当你黄昏时拿了灯到牛棚里去，我便要突然再落到地上来，又成了你的孩子，求你讲个故事给我听。

"你到哪里去了，你这坏孩子？"

"我不告诉你，妈妈。"这就是你同我那时所要说的话了。

——泰戈尔（印度）

注①：金色花，原名Champa，亦作Champak，印度圣树，木兰花属植物，开金黄色碎花。译名亦作"瞻波伽"或"占博伽"。

注②：《罗摩衍那》（Ramayana）为印度叙事诗，相传为Valmiki所作。今传本形式约为公元二世纪间所形成。全书分为七卷，共两万四千颂，皆叙述罗摩生平之作。

完美准爸爸训练营

多数准爸爸的童年应该是和淘气、调皮有关系的，准爸爸可以经常和胎宝宝讲讲自己的"英雄事迹"，他会很喜欢听的。

孕1月 孕2月 孕3月 孕4月 孕5月 孕6月 孕7月 孕8月 孕9月 孕10月

第73天

让人开心的《鸡公公》

胎宝宝到来的好消息已经越传越广了，亲朋好友、左邻右舍纷纷表达了祝福，他们也在期待着这个小生命。收到祝福的时候，孕妈妈和准爸爸脸上已经笑开了花吧？那笑真是世界上最简单、最动人的语言了。而且，胎宝宝的听力系统就要开始发育了，多让他感受孕妈妈的笑声，可以把快乐的种子埋在他的记忆深处。

鸡公公

鸡公公，挺挺胸，它说一口吃个龙，
什么龙？不是龙，原来是条毛毛虫。
大家知道捂嘴笑，羞得鸡公冠子红。

搬鸡蛋

小老鼠，搬鸡蛋，鸡蛋太大怎么办？
一只老鼠地上躺，紧紧抱住大鸡蛋。
一只老鼠拉尾巴，拉呀拉呀拉回家。

小刺猬理发

小刺猬，去理发，嚓嚓嚓，嚓嚓嚓，
理完头发瞧瞧他，不是小刺猬，是个小娃娃。

小娃娃，不理发，
刺猬宝宝都笑话。

完美准爸爸训练营

孕妈妈的情绪波动大，准爸爸可以给她提建议：和闺蜜们出去逛逛街，或者在附近的公园走一走，都会对孕妈妈的心情产生有益的影响。而且，让孕妈妈和亲友聊聊天，说一些积极向上的话题，多想想胎宝宝快乐的样子，孕妈妈的心情会好很多。

第74天
《小老鼠》吱吱吱

孕妈妈看过《鼠来宝》《猫和老鼠》《舒克和贝塔》《蓝皮鼠和大脸猫》等有趣的影视作品吗？你是不是觉得其中的小老鼠很可爱呢？

小老鼠

小老鼠，上灯台，偷油吃，下不来，

哭着叫着喊妈妈，叽里咕噜滚下来。

用手绢叠小老鼠

孕期不适是否会在不经意间打扰你？来，分散一下注意力，找一块大一点儿的手绢，或是一块小方巾，叠一只可爱的小老鼠。想想儿时，花手绢叠成的小老鼠在妈妈手里蹿来蹿去，怎么抓也抓不住……

制作方法：

1. 准备一块正方形的手绢或方巾。
2. 把手绢沿对角线对折。
3. 将对角线两边的角对折，搭在一起。
4. 向上卷起1/3左右，翻过来。
5. 把卷起的小筒的两端相叠。
6. 将手绢的顶部插入叠起的小筒下面，然后就有了一个小团。
7. 把小团翻卷到底，直至显现出两个对角。
8. 把一个小角当头，打个结，就会出现两只小耳朵；另一个小角就是长长的尾巴，一只可爱的小老鼠就叠好了。

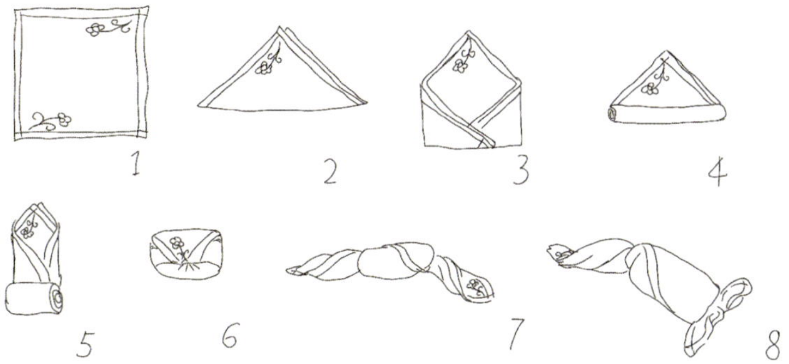

完美准爸爸训练营

孕妈妈叠小老鼠的时候，准爸爸可以从旁协助，尤其是提醒孕妈妈不要着急，只要一步一步学着做，可爱的小老鼠就会出现啦！

第75天
读读有关"诗仙"的诗

孕妈妈和准爸爸肯定希望胎宝宝长大后会是一个思维敏捷、口齿伶俐的孩子吧！我国古代有很多伟大的文学家都有着卓越的文采，孕妈妈和准爸爸最先想到的是谁呢？是不是"诗仙"李白？

诗歌《饮中八仙歌》

李白斗酒诗百篇，长安市上酒家眠。

天子呼来不上船，自称臣是酒中仙。

杜甫的这首诗写出了酒与诗的密切关系，更将李白醉酒时的情态描写得淋漓尽致。为了称颂和怀念这位伟大的诗人，古时的酒店里都挂着"太白遗风""太白世家"的招牌，一直流传到近代。

《望庐山瀑布》

日照香炉生紫烟，遥看瀑布挂前川。

飞流直下三千尺，疑是银河落九天。

——李白（唐）

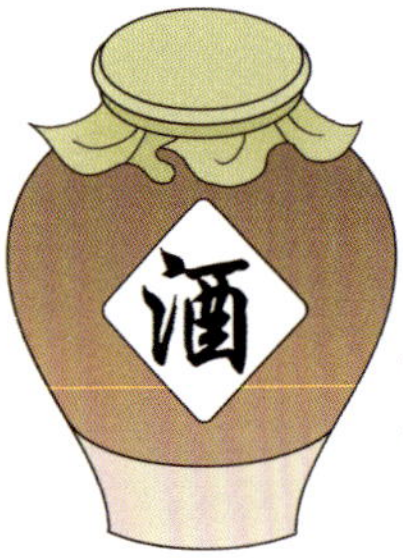

诗仙饮酒有助于作诗，孕妈妈可要滴酒不沾。

《太白醉酒图》

完美准爸爸训练营

准爸爸可以买本《唐诗三百首》，经常给胎宝宝读一读，尤其是字数少、语言质朴的诗句，这对他以后学习语言很有帮助。

第76~77天
《星星》有话对你说

晚饭后，孕妈妈可以在准爸爸的陪伴下到外边走一走，散散步。抬头望望天空，看，天上的星星眨着亮闪闪的眼睛，正在和你说话呢：“你今天快乐吗？有什么高兴的事可以和我说说吗？”是的，可爱的星星，还有我的小宝宝，我今天很快乐，让我给你讲讲有趣的事情吧！

星星

星星星星真顽皮，
白天藏起不出气，
晚上一起跑出来。
它们吱吱又喳喳，
一闪一闪说着啥？

数星星

天上星，亮晶晶，
好像许多小眼睛。
妹妹抬头数星星，
星星闪闪放光明。
一二三，四五六，
数来数去数不清。

星星谣

天上星星有多少？
这边星星多，
那边星星少，
这颗星星大，
那颗星星小。
有的星星眯眯笑，
有的星星在睡觉。

我给星星打电话

星星星星把眼眨，
我给星星打电话：
“你离我们有多远？
你那上面有点啥？”
星星打开信号灯，
一闪一闪把话答：
“快快长大驾飞船，
欢迎你们来侦察！”

睡在哪儿？

小豆豆，睡在哪儿？
睡在弯弯豆荚里。
小露珠，睡在哪儿？
睡在清晨的草叶上。
小花狗，睡在哪儿？
睡在树下的绿荫里。
小星星，睡在哪儿？
睡在夜空的怀抱里。
小宝宝，睡在哪儿？
睡在妈妈的微笑里。

完美准爸爸训练营

外出散步时，准爸爸别忘了给孕妈妈拿上一件外套，外面也许有点凉呢。孕妈妈抬头看星星时，准爸爸可要帮忙看好脚底下的路，千万不能让孕妈妈摔倒。有关星星的儿歌，准爸爸也要读给胎宝宝听哦，他很喜欢你的声音呢。

第 78 天
丝丝甜意《紫竹调》

孕妈妈去过江南吗？那里可真美呀！不光风景美如画，就连那里的人也很可爱，声音软软糯糯，带着丝丝的甜意，就像从画里走出来的一样。

这样听名曲

民乐合奏曲《紫竹调》原为一首 20 世纪 30 年代流行于苏州的民间爱情小调，后成为上海沪剧曲牌。演奏的乐器都是最具有民族特色的乐器，笛子、二胡、琵琶等，奏出了一首抒情、悠扬、委婉的江南民间小调。孕妈妈可以重点感受一下不同乐器所带来的不同声音效果。

如果家里有笛子、钢琴等乐器，孕妈妈也可以自己弹奏美妙的乐符。当然，孕妈妈不一定要懂乐理知识、弹奏技巧等，只要根据自己的心情，弹奏出自己喜欢的音调，并带着愉悦的心情去欣赏、感受，那么这就是最好的胎教方式。

随着音乐，孕妈妈可以用自己的母爱之音轻轻哼唱，并将自己的关怀之情用歌声传递给胎宝宝，虽然胎宝宝现在还小，但他和妈妈的血脉是相连的，他能感受到孕妈妈的关怀和爱意，在这种良好的氛围下，胎宝宝也会快乐地成长。

完美准爸爸训练营

如果孕妈妈身体情况比较好，准爸爸可以带着孕妈妈去江南旅行，品味那里的风土人情，让孕妈妈的微笑在如诗如画的江南也成为一道风景。旅行的最佳时期是孕中期哟！

第79天
一起读《亲爱的三月，请进》

艾米莉·狄金森（1830~1886），美国女诗人，一生有一颗赤子之心。她的诗歌纯净如水，透亮地反射出人性的本真，她的许多诗歌，用童心去理解，才能品味出滋味。

就像叫我们最亲爱的人，世间万物都是我们的“亲爱的”，我们用喜欢的心情看待一切，因为总有事情让我们感动，比如过了一个寒冬，春天来了，所以我们要欢乐地喊：

亲爱的三月，请进。
我是多么高兴，
一直期待着你的光临。
请摘下你的帽子，
你一定是走来的吧？
看你累得上气不接下气的，
亲爱的，别来无恙？
你来的时候，大自然可好？
哦，快跟我上楼，
我有很多话要问你。
你的信我已收到，而小鸟和枫树，却不知你已在途中，
直到我告诉他们，他们的脸涨得多红啊！
可是，请原谅，你留下，
帮我在那些山山岭岭上涂抹色彩。

小鸟说，亲爱的宝宝，
欢迎你的到来。

完美准爸爸训练营

怀孕前三个月是容易流产的孕早期，准爸爸一定要照顾好孕妈妈，不要让她干重活，提醒她不要剧烈运动，这段时间也不要和她过于亲密。

第80天
《凿壁借光》的精神

成语是历史的积淀，每个成语都那么深刻隽永、言简意赅。而每个成语的背后，都有一个故事，通过这些故事，我们能懂得更多的道理。

今天，孕妈妈为胎宝宝读一读《凿壁借光》吧，虽然他暂时还不懂，但胎宝宝会将它收纳到自己的记忆库里。

西汉时候，有个孩子叫匡衡。他小时候很想读书，可是因为家里穷，没钱上学。后来，他跟一个亲戚学认字，才有了看书的能力。

匡衡买不起书，只好借书来读。那个时候，书是非常贵重的，有书的人不肯轻易借给别人。匡衡就在农忙的时节，给有钱的人家打短工，不要工钱，只求人家借书给他看。

过了几年，匡衡长大了，成了家里的主要劳动力。他一天到晚在地里干活，只有中午歇晌的时候，才有工夫看一点书，所以一卷书常常要十天半月才能读完。

匡衡很着急，心里想：白天种庄稼，没有时间看书，我可以多利用一些晚上的时间来看书。可是匡衡家里很穷，买不起点灯的油，怎么办呢？

有一天晚上，匡衡躺在床上背白天读过的书。背着背着，他突然看到东边的墙壁上透过来一线亮光。他霍地站起来，走到墙壁边一看，啊！原来从壁缝里透过来的是邻居家的灯光。于是，匡衡想了一个办法：他拿了一把小刀，把墙缝挖大了一些。

这样，透过来的光亮也大了，他就凑着透进来的灯光，读起书来。匡衡就是这样刻苦地学习，后来成了一个很有学问的人。

想象一下宝宝将来认真读书的模样，幸福感便油然而生。

完美准爸爸训练营

准爸爸多给胎宝宝讲故事，会加深和胎宝宝的感情。别看他小，他可继承了你和孕妈妈的优良基因，知道的可多着呢！

第81天

轻轻的《邮吻》

在使用手机和电脑的今天，有多少人还会拿起笔，一字一句，写下爱的诗行呢？在那个飘着笔墨香气的日子里，是一封封的信件将爱意邮递。孕妈妈也给胎宝宝邮寄一封充满爱意的信吧，还要捎上轻轻的一吻！

我不是不能用指头儿撕，
我不是不能用剪刀儿剖，
只是缓缓地
轻轻地
很仔细地挑开了紫色的信唇；
我知道这信唇里面，
藏着她秘密的一吻。
从她的很郑重的折叠里，
我把那粉红色的信笺，
很郑重地展开了。
我把她很郑重地写的
一字字一行行，
一行行一字字地
很郑重地读了。
我不是爱那一角模糊的邮印，
我不是爱那幅精致的花纹，
只是缓缓地
轻轻地
很仔细地揭起那绿色的邮花；
我知道这邮花背后，
藏着她秘密的一吻。

——刘大白

完美准爸爸训练营

准爸爸给孕妈妈写过情书吗？赶快拿起笔，给胎宝宝写一封“情书”吧！等他长大了，他就会知道这个看起来很酷的爸爸竟然也会这么浪漫……

第82天 好吃又好玩的坚果

坚果是很多孕妈妈的心头好，好吃又容易有饱腹感。随手一小把坚果就能帮孕妈妈补充维生素E和不饱和脂肪酸，还能让胎宝宝越来越聪明。剩下的坚果皮孕妈妈不要扔掉，那可是美学胎教的好道具。

做手工贴画

孕妈妈可以用瓜子皮来制作手工贴画。做手工不仅能活跃脑细胞，还能让孕妈妈情绪稳定。在孕期多动手动脑，是对孕妈妈很有益的锻炼。孕妈妈可以利用孕期学一学贴画，材料可选择树叶、布、花瓣等。贴画学起来并不难，书店中有很多这方面的图书，网上也有更直接的做法视频或分步图，孕妈妈可以按照步骤慢慢学做，熟悉后就可以自己创作了，说不准还能挖掘自己在这方面的天赋。需要注意的是，做手工是为了怡情养性，孕妈妈不要太劳累。

用坚果皮做小动物

将半个核桃壳扣在纸上，用彩色笔绕着核桃壳画出四条小腿、一个长长的小脑袋、一条细尾巴，就是一个别致的小乌龟；葵花子皮和开心果皮可以拼出可爱的仙鹤；很多果壳也可以用来做鱼鳞，再用彩笔勾画鱼头和鱼尾，一条可爱的果壳金鱼就做成了。

在制作坚果皮画的过程中，孕妈妈要先在头脑中形成画稿的框架，并把这种美好的想法传达给胎宝宝。这种小制作在整个孕期可随时随地做，在胎宝宝有听力后，你可以一边做手工一边把制作过程描述给胎宝宝，让他“参与”。

孕妈妈也动手用葵花子皮和开心果皮拼一个仙鹤吧。

完美准爸爸训练营

在制作贴画的时候，准爸爸要发挥自己的聪明才智，多做几个，然后收藏起来，等胎宝宝长大了，你们还可以一起玩游戏。

第83~84天

和谐自然的《荷花蜻蜓》

“一粒沙中一个世界，一朵花里一座天堂”。喜欢国画的人总是能感受到内心的宁静、悠远，孕妈妈看看下面的作品，会不会觉得世界安静而美好呢？

《荷花蜻蜓》是齐白石晚年的得意之作，老人为感谢黄琪翔、郭秀仪夫妇帮助他在外地售画，特意创作了这件精品以示谢意。

这幅作品最大的特色是构图奇特，荷花、荷叶、蜻蜓，高低错落，穿插精巧。朱红的花瓣，掩映于墨色的荷叶之中，色彩对比强烈，却又恰到好处，和谐自然；花间蜻蜓，羽翼扇动，仿佛对荷下微波情有独钟。动静之间，让人看见十里荷塘的摇曳风姿。

孕妈妈也要经常到大自然中去走走，细细观察草木鱼虫、流岚暮霭，你会发现生活的乐趣和真谛。

完美准爸爸训练营

孕妈妈心情烦躁的时候，准爸爸可以买一些画册，比如国画能让人静心凝神，而幽默的卡通漫画则会让孕妈妈开心一笑。

孕4月

有你相伴的美丽时光

多神奇，妈妈的肚子里有个小小的你。瞧瞧妈妈的肚子，已经开始显山露水了，走在路上，许多人都开始对妈妈行注目礼了呢。

这个月，胎宝宝已经具有人形，胎宝宝的运动更加明显，他已经会支配自己的手脚了，甚至还会把手指放进嘴巴里。这个时期，怀孕的不适反应基本上已经消失，并且还感到挺舒服的，很多孕妈妈变得胃口大开。准爸爸这一阶段就可以多做一些美味又健康的食品给孕妈妈了。

本月末，孕妈妈有可能第一次感觉出胎宝宝在动。多么令人激动的时刻啊，好好享受这人生中的美丽时光吧。

第 85 天 放松身心，快乐孕育

孕妈妈已经度过了孕早期，开始进入较安全的孕中期，胎宝宝也变成一个漂亮的娃娃了。孕妈妈怀着美好、幸福的心情继续前行，与胎宝宝一起迎接每个崭新的日子吧。

孕 4 月健康生活宜忌

宜

现在是胎宝宝长牙根的时期，孕妈妈每天喝 500 毫升牛奶，多吃鱼类、鸡蛋、芝麻、瘦肉等食物，为胎宝宝的骨骼和牙齿发育提供足够钙质。

孕 4 月是胎宝宝大脑的迅速发育期，经常吃一些核桃、松子、葵花子、杏仁、榛子、花生等坚果类食物，这些食物富含大脑发育必需的脂肪酸。

由于胎盘已经形成，流产的可能大大降低，为了将来顺利地分娩以及产后的恢复，孕妈妈可以开始有计划地运动了。孕妈妈可以有目的地做一些孕妇操，还可以每天晚饭后让丈夫陪着一起散散步，这是最安全和健康的运动。

忌

孕期水肿是常见的症状，孕妈妈最好整个孕期都不要吃过咸的食物，以防止水肿加重。

凉的东西吃多了会引起下泻，下泻又刺激直肠，从而引起子宫充血，给怀孕带来不良后果。

现在胎宝宝对母体发出的爱、喜、忧伤、恐惧等不同情感变得更加敏感，而且会对母亲情绪的细微变化做出敏感的反应。所以孕妈妈切记情绪波动不可过大，不要为生活中的琐事烦忧，遇到问题可以和准爸爸一起面对、解决。

对于挺个大肚子这件事，不必遮遮掩掩地感到不好意思，这是很正常的现象，而且可以理直气壮地接受别人的帮助。

完美准爸爸训练营

孕妈妈已经开始“显怀”了，以前的衣服可能已经不合适了，准爸爸可以陪孕妈妈去买几件舒适又漂亮的孕妇装，让怀孕的妻子看起来依然是那么美丽，孕妈妈的心里也会美美的呢。

第86天

补充维生素的蔬果拼盘

“胎宝宝”的味蕾将在本月生成，味觉在一定程度上也就开始形成，孕妈妈孕期的饮食会给胎宝宝留下深刻的“印象”，这种“印象”会左右胎宝宝长大后对食物的选择和接受程度。所以孕妈妈良好的饮食习惯，会对胎宝宝产生有利的影响。

多吃水果和蔬菜对孕妈妈的健康很有利。孕妈妈在吃水果、蔬菜时，可以将它们做成有创意的蔬果拼盘，这也是很好的胎教内容呢。

每天吃点蔬菜、水果，既能补充维生素，还能让孕妈妈保持美丽。

完美准爸爸训练营

本月的孕妈妈胃口大开，她想吃什么，准爸爸都要想办法满足，同时注意不要让她摄入太多的盐分和糖分，口味以清淡为主。

第 87 天
妈妈宝宝做数独游戏

科学研究表明，大脑细胞分裂增殖主要是在胎儿期完成的，如果在脑细胞分裂增殖的高峰期，适时地供给胎宝宝丰富的物质和精神营养，脑细胞的分裂便可趋于顶峰，为宝宝具有高智商奠定基础。

孕妈妈动脑，胎宝宝受益

孕妈妈的思想活动对于胎宝宝大脑发育的影响至关重要，孕妈妈与胎宝宝之间是有信息传递的，若孕妈妈始终保持旺盛的求知欲，则可使胎宝宝不断接受刺激，大脑神经和细胞的发育也得到促进。因此，孕妈妈勤于动脑，会给胎宝宝良好的影响。

迷人的数独游戏

1783 年，瑞士数学家莱昂哈德·欧拉发明了一种当时称作“拉丁方块”的游戏，这个游戏是一个 n×n 的数字方阵，每一行和每一列都是由不重复的 n 个数字或者字母组成的。1984 年，一家日本游戏杂志提出了“独立的数字”的概念，意思就是“这个数字只能出现一次”或者“这个数字必须是唯一的”，并将这个游戏命名为“数独（SUDOKU）”。从此，这个游戏开始风靡全球。

数独游戏规则

1. 数独游戏在 9×9 的方格内进行，分为 3×3 的小方格，被称为“区”；

2. 数独游戏首先从已经填入数字的格子开始；

3. 每个格子只允许有 1 个数字，最后保证每个区、每一列、每一行，都是 1~9 这 9 个数字，不能重复，即每个数字在每一行、每一列和每一区都只能出现一次。

7			2	5			9	8
		6					1	
			6	1		3		
9					1			
				8		4		9
		7	5		2	8		1
	9	4			3			
				4	9	2	3	
6	1						4	

完美准爸爸训练营

准爸爸可以为孕妈妈准备纸、铅笔、橡皮来让她做这个游戏，或者在手机上下载。需要准爸爸注意的是，孕妈妈每天玩手机的时间最好不要太长，所以准爸爸要适时提醒孕妈妈哦。

第88天 认识四季

大自然是什么样的？为什么有时候暖和，有时候寒冷？胎宝宝在这个月就能感知冷和热了，你可以把一些关于四季的童谣念给他听，让他对四季有个初步的印象。

（一）

春天到了什么叫，叫得什么眯眯笑？
春天到了燕子叫，叫得桃花眯眯笑。
夏天到了什么叫，叫得什么脸发烧？
夏天到了知了叫，叫得石榴脸发烧。
秋天到了什么叫，叫得什么香气飘？
秋天到了大雁叫，叫得桂花香气飘。
冬天到了什么叫，叫得什么雪里俏？
冬天到了北风叫，叫得梅花雪里俏。

（二）

春天里，东风多，小燕子，搭新窝。
夏天里，南风热，红太阳，像团火。
秋天里，西风吹，大雁飞，黄叶飘。
冬天里，北风刮，小雪花，纷纷下。

小燕子，穿花衣，年年春天来这里。

完美准爸爸训练营

春天，带孕妈妈去郊外进行一次短途旅游，让她感受大自然的美好；夏天，为孕妈妈制作一杯新鲜的果汁，让她体会别致的清凉；秋天，送给孕妈妈几张写上“情书”的漂亮明信片；冬天，堆一个可爱的雪人，让孕妈妈和它合影留念。一年四季，准爸爸随时都可以给孕妈妈制造一点浪漫。

第89天

学学《聪明的小鸭子》

亲爱的宝宝，当有一天你来到这个世界时，你难免会遇到一些困难和麻烦，在漫长的岁月里，妈妈不能每时每刻陪伴着你，你要学会自己长大。希望你像故事中那只聪明的小鸭子一样，拥有自己应对生活的能力。

太阳照在青山上，青山绿油油；太阳照在小河上，河水亮晶晶。小鸭子从家里走出来说："啊！多好的天气，我到小河里去玩玩。""扑通"一声，小鸭子跳到了河里，一会儿钻进水里，一会儿浮出水面，一会儿和小青蛙捉迷藏，游啊玩啊，游啊玩啊，小鸭子突然叫了起来："哎呀！天都黑了，我该回家了，小青蛙、小鲤鱼，再见了。"

小鸭子走到村口，碰到一只狐狸找东西吃，狐狸看见小鸭子，口水滴滴答答地流下来。他悄悄地走到小鸭子的背后，一下跳起来，尖尖的爪子一下就抓到了小鸭子。小鸭子说："狐狸先生，我会学狐狸叫。"狐狸嘲笑道："哈哈！我从来没有听说这样的事情，鸭子还会我们狐狸的叫声？"

"是真的，狐狸先生！不信，你放开我，我学给你听。"

"好吧，"得意洋洋的狐狸说，"反正你也逃不出我的手掌心。"

他放开了小鸭子，小鸭子大叫："嘎嘎嘎……"

"哈哈哈！"狐狸笑道，"这哪里是狐狸的叫声，分明是你们鸭子的叫声。我们狐狸是这样叫的……"

"我会了，我会了，"鸭子叫道，"嘎嘎嘎……"

狐狸说："不对不对，我们狐狸是这样叫的……"

他的话还没有说完，村里窜出来一条大狼狗，把狐狸捉住了，聪明的小鸭子得救了。

完美准爸爸训练营

故事讲完了，准爸爸还可以讲一些有关鸭子的知识给孕妈妈和胎宝宝听。为什么鸭子在水里羽毛不会湿呢？因为鸭子的尾端有一个尾脂腺，鸭子在下水前，会用那又扁又大的嘴巴，把尾脂腺里的油脂均匀地涂在全身的羽毛上，这样鸭子下水以后，水就不会浸湿它们的羽毛了。

第 90~91 天

折一只小狐狸

狐狸经常以“聪明”或者“狡猾”的形象出现在童话故事里。在实际生活中，狐狸主要吃鼠，偶尔才袭击家禽，所以是一种益多害少的动物。狐狸长着细长的眼睛、尖尖的嘴巴、毛茸茸的尾巴，样子十分可爱。今天，孕妈妈就动手折一只小狐狸吧。

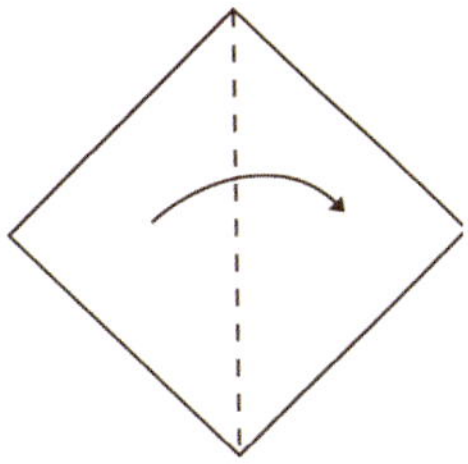

1 将正方形的纸沿虚线向箭头方向折叠。

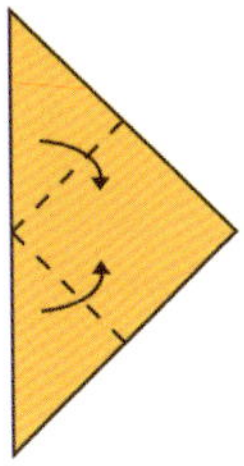

2 如图，沿虚线向箭头方向折叠。

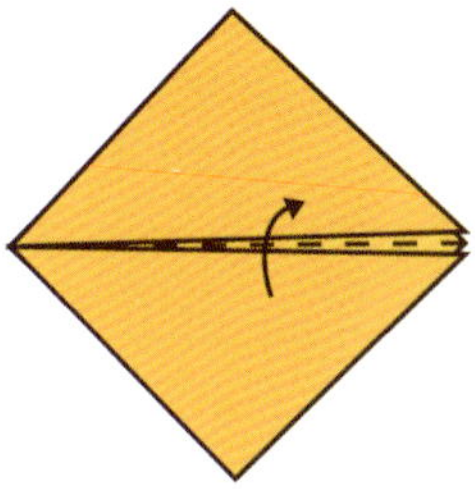

3 沿虚线向箭头方向反折。

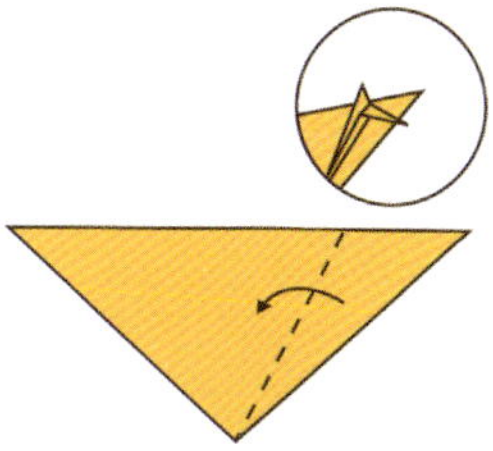

4 沿虚线向箭头方向折叠。

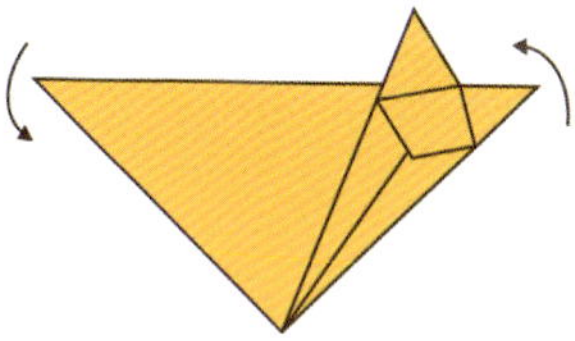

5 将折纸旋转放正。

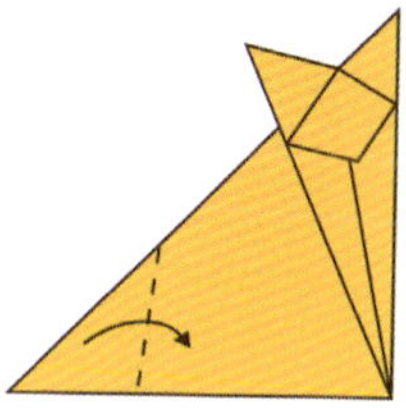

6 沿虚线向箭头方向折叠。

7 画上眼睛和嘴巴，完成。

完美准爸爸训练营

准爸爸要和孕妈妈一起来动手折纸，看看谁折得又快又好。有准爸爸的陪伴，孕妈妈会觉得更轻松快乐。准爸爸还可以出个谜语让孕妈妈猜一猜：“尖尖嘴巴长，小小眼睛亮。宽宽长尾巴，细细小脚丫。”答案很明显哦。

第92天
听听《小鸟在说什么》

小宝宝就像雏鸟一样，被保护在妈妈的羽翼下，等他们长大成熟了，就能在天空中自由翱翔。《What does Little Bird Say》这首优雅舒缓的英文诗，表现了小宝贝对外面世界的好奇和妈妈对宝宝的不舍。

What does Little Bird Say

What does little bird say,
In her nest at peep of day?
Let me fly, says little bird,
Mother, let me fly away,
Bird, rest a little longer,
Till the little wings are stronger.
So she rests a little longer,
Then she flies away.
What does little baby say,
In her bed at peep of day?
Baby says, like little bird,
Let me rise and fly away.
Baby, sleep a little longer,
Till the little limbs are stronger.
If she sleeps a little longer,
Baby too shall fly away.

小鸟在说什么

小鸟说些什么呢，
在这黎明初晓的小巢中？
小鸟说，让我飞，
妈妈，让我飞走吧，
宝贝，稍留久一会儿，
等到那对小翅膀再长硬些。
因此她又多留了一会儿，
然而她还是飞走了。
婴儿说些什么呢，
在破晓时分的床上？
婴儿像小鸟那样说，
让我起来飞走吧。
乖乖，稍微多睡一会儿，
等你的四肢再长硬点儿。
如果她再多睡一会儿，
婴儿必然也会像鸟儿一样地飞走。

——阿尔弗雷德·丁尼生（英国）

完美准爸爸训练营

现在孕妈妈要更多地跟胎宝宝说话了，跟胎宝宝的交流可以随时随地进行，不要觉得在公共场合不好意思，相信大家都能分享你的喜悦。在两百多个怀孕的日子里，准爸爸一句句体贴的话语，一个个关怀的动作，都能抚慰孕妈妈焦虑的心情，对胎宝宝也是一种良性刺激。

第93天
《鸟店》里的歌声

每天清晨，小鸟首先开始了鸣叫，那歌声悦耳又动听，孕妈妈是不是也感受到了小鸟们的快乐？今天我们一起来欣赏乐曲《鸟店》的美妙动人。

孕妈妈这样听

德国作曲家莱克的《鸟店》是一首充满儿童情趣的通俗管弦乐曲，快乐的旋律让孕妈妈的整个早晨也变得轻松起来，生动的鸟鸣声也会吸引胎宝宝的注意。乐曲中还描述了一个生动的故事情节，孕妈妈可以边听音乐边讲故事给胎宝宝听，一起随着音乐的旋律感受音乐中的不同情绪，欣赏惟妙惟肖的各种鸟儿的啼叫声。在欣赏音乐的同时，孕妈妈可以到户外感受一下真实的鸟语花香，也可以看看美丽的画面，如百鸟朝凤、百鸟图等图片。

感受胎教音乐之美："鸟店"的故事

乐曲一开始，在钟声与号角的呼唤声中，清晨来临了。乐曲的第一段，旋律抒情，描述了清晨时清新的空气、寂静的屋子和初醒的阳光。小鸟们都快乐地唱着歌，孕妈妈和胎宝宝仔细听杜鹃、小黄莺的歌唱。孕妈妈可以告诉胎宝宝："宝宝听出来了吗，这是小黄莺在唱歌，它们多快乐啊。"

第二段中，乐曲活泼而又有生气，较强的节奏感是小鸟们不停歇的叫声。第三段，传来了猫的声音，小鸟们吓坏了，音乐惟妙惟肖地表现出小鸟们的恐惧，胎宝宝从这里可以认识猫的叫声。小猫终于走了，小鸟们又恢复了快乐的情绪，音乐也在活泼轻松的气氛中结束了。

完美准爸爸训练营

准爸爸不妨从电脑上下载一些模仿小鸟叫声的相关视频，学一学口技，模仿一下各种小鸟的叫声，孕妈妈肚子里的胎宝宝也很喜欢听呢。等你们的孩子出生以后，你还可以教教他呢。

第94天
读故事《小蝌蚪长大了》

胎宝宝刚刚在孕妈妈子宫着床的时候，就像一只小蝌蚪，现在他已经像一只小金鱼了。阅读下面这个《小蝌蚪长大了》的故事，看看小蝌蚪长大了是什么样子。孕妈妈肚子里的胎宝宝长大了又会是什么样子呢？

在池塘中，一个透明的小房子里，小蝌蚪在慢慢地长大。他看着身边的世界，真想快点儿出去呀。一天，他一用劲儿，嗬，圆圆的小脑袋探出来了。又过了一段时间，奇妙的事情发生了——小蝌蚪长长的尾巴旁边长出了两条细细的小腿！满心欢喜的小蝌蚪向岸上望去——哇！小蝌蚪吃惊得张大了嘴，他见到什么样的景象啊——绿油油的草铺得无边无际，像是一床漂亮又柔软的被子。而且，这被子上还有那么多五颜六色的花朵，互相牵着手，在风中跳舞。

“唉，要是我能在那漂亮的花瓣上待一会儿，该多好啊！”小蝌蚪出神地想着。小蝌蚪嘟着小嘴儿去问阔尾鱼叔叔：“叔叔叔叔，如果我长大了，有了好多力气，是不是就能到陆地上去了？”“呵呵，”阔尾鱼叔叔笑着回答，“能，只要有梦想，并努力去做，就一定能实现。”

一个月后，又有一些奇妙的事情不知不觉地发生了——后腿长出来不久，小蝌蚪的前腿也长出来了。而那小尾巴呢，早就摸不到了。仅仅两个月的时间，小蝌蚪就真的长大了，长成了一个结实漂亮的帅小伙！现在的他褪去了那一身黑衣，换上了绿色的新袍，还有一个白白的大肚皮。“孩子，现在你才真正地长大了，不再是一只小蝌蚪，而是一只强壮健美的青蛙了！”阔尾鱼叔叔这样告诉他。“噢，我长大了！真的长大了！我可以到陆地上去了！”

小蝌蚪的梦想终于变成了现实。他弓起身，快活地向草丛中跃去。

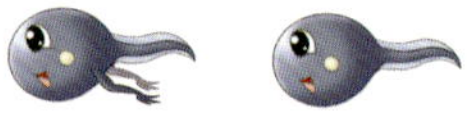

胎宝宝像小蝌蚪一样，在一天天长大。

完美准爸爸训练营

胎宝宝就快要有明显的胎动了，准爸爸可以一边给孕妈妈讲故事，一边轻柔地抚摸孕妈妈的肚子（注意时间不宜过长），相信胎宝宝能感受到你对他的爱。

第 95 天
瓜子皮做的小蝌蚪

孕妈妈小时候见过小蝌蚪吗？有的孕妈妈甚至还亲自抓过小蝌蚪呢。圆圆的大脑袋，细细的尾巴，小蝌蚪的模样非常可爱。孕妈妈已经给胎宝宝读了《小蝌蚪长大了》的故事，就根据这个故事，用瓜子皮来做几只小蝌蚪吧。

坚果富含维生素 E 和大量的不饱和脂肪酸，是帮助胎宝宝神经及大脑发育的好材料，还有助于调适孕妈妈的心情。孕妈妈平时吃剩下的干果壳不要扔掉，来发挥想象力做一些瓜子皮贴画吧。这种小制作在整个孕期可随时随地进行。

完美准爸爸训练营

准爸爸平时可以为孕妈妈买来种类丰富的坚果，有的坚果很不好剥，准爸爸要亲自动手哦。吃剩下的坚果壳，准爸爸要留心为孕妈妈整理收集，这样就能随时找来制作了。

第96天

给胎宝宝进行《声律启蒙》

胎宝宝的听力不断发育，孕妈妈和准爸爸要多多和他交流。胎宝宝在妈妈的肚子里就很喜欢节奏分明、充满韵律的声音呢。孕妈妈和准爸爸不妨现在就开始对胎宝宝进行一些声律启蒙吧。

《声律启蒙》简介

诗词和对联是中国古代重要的文学形式，两千多年来一直薪火相传，至今仍具有强大的生命力。在古代，自私塾的幼童起，就开始这种文学修养的训练，对声调、音律、格律等都有一定的要求。因此，一些声律方面的著作也应运而生。

清代康熙年间车万育所作的《声律启蒙》正是专门训练儿童应对、掌握声韵格律的启蒙读物。它读起来如唱歌般朗朗上口，非常适合孕妈妈作为胎教素材读给胎宝宝听，不仅会让宝宝提前感受韵律，还能让宝宝接触到天文、地理、花木、鸟兽、人物、器物等众多知识，可谓一举多得。

《声律启蒙》节选

（一）

云对雨，雪对风，晚照对晴空。来鸿对去燕，宿鸟对鸣虫。三尺剑，六钧弓，岭北对江东。人间清暑殿，天上广寒宫。两岸晓烟杨柳绿，一园春雨杏花红。两鬓风霜，途次早行之客；一蓑烟雨，溪边晚钓之翁。

（二）

春对夏，秋对冬，暮鼓对晨钟。观山对玩水，绿竹对苍松。冯妇虎，叶公龙，舞蝶对鸣蛩（qióng）。衔泥双紫燕，课蜜几黄蜂。春日园中莺恰恰，秋天塞外雁雍雍。秦岭云横，迢递八千远路；巫山雨洗，嵯（cuó）峨十二危峰。

完美准爸爸训练营

准爸爸和孕妈妈可以用对对联的形式来给胎宝宝进行声律启蒙，准爸爸说上联，让孕妈妈对下联。这样做既轻松有趣，又可以加深孕妈妈的印象。

第 97~98 天
妈妈宝宝猜谜语

猜谜语不仅可以锻炼思维，帮助胎宝宝的大脑发育，还能帮孕妈妈调适心情。而且这些好玩的谜语还可以当作儿歌念给胎宝宝听。

1. 大哥说话先摘帽，二哥说话先脱衣，三哥说话先喝水，四哥说话飘雪花。（猜四种文具）

2. 小黑人儿细又长，穿着木头花衣裳。画画写字它全会，就是不会把歌唱。（猜一种文具）

3. 身体有圆也有方，常在铅笔盒里装，要是写错一个字，它会马上来帮忙。（猜一种文具）

4. 白娃娃，爬黑墙，越爬个儿越变小，再也没法往上长。（猜一种文具）

5. 南边来了个黑大哥，炉里钻来火里坐，只要火里坐一阵，黑大哥变成红大哥。（猜一物）

6. 青色糕，红色糕，不能吃，不能咬，点心铺里买不到，要盖房子少不了。（猜一物）

7. 一样东西亮晶晶，又光又硬又透明，工人叔叔造出来，它的用处数不清。（猜一物）

8. 别看它的身子小，头上戴顶大白帽，睁开眼睛屋里亮，地上蚂蚁也能找得到。（猜一物）

9. 一间小木房，没门光有窗；只要窗户亮，又说又笑把歌唱。（猜一电器）

10. 背上背着一座山，身体长得笨又圆，大海深处去游泳，沙滩上面生蛋蛋。（猜一动物）

11. 翅膀一展亮晶晶，整天飞舞花丛中，手足不闲爱劳动，酿造蜜糖好过冬。（猜一动物）

12. 小小年纪，却有胡子一把，不论谁见，总是大喊妈妈。（猜一动物）

13. 一肚子没学问，开口闭口知道，瞧瞧这小家伙，实在真是骄傲。（猜一动物）

14. 说他是头牛，无法拉车走，说他力气小，却能背屋跑。（猜一动物）

（答案见 96 页）

完美准爸爸训练营

这些谜语可以由准爸爸念给孕妈妈和胎宝宝听，然后让孕妈妈来猜。有的谜语孕妈妈可能不会很快想出答案，准爸爸要有耐心哦，如果孕妈妈全猜对了，那就奖励她一阵掌声和一杯果汁吧。

第99天

《春晓》里的诗情画意

唐朝诗人孟浩然的这两首诗，你肯定早已倒背如流了。但现在，你以你温柔的声音诵读给胎宝宝听，母子二人细细品读其中的清新可爱，真的是另有一番“孕”味呢。

春晓

春眠不觉晓，
处处闻啼鸟。
夜来风雨声，
花落知多少。

赏析

春天来了，天亮得越来越早，一觉醒来，发现天光已大亮，天气晴好，满耳朵里都是小鸟儿唧唧喳喳的啼鸣声。这时你可能突然想起，昨天夜里好像听到刮风下雨的声音，心中不禁有几分担心，那些盛开的花儿怎么样了？是不是落了一地？

宿建德江

移舟泊烟渚，
日暮客愁新。
野旷天低树，
江清月近人。

赏析

傍晚时分，诗人乘坐的小船停在一座夜色弥漫的小岛边，此时此刻，暮色渐浓，天幕低垂，仿佛比近处的树还要低。倒映在清澈江水中的月亮，却似乎离人更近，亲切无比。

完美准爸爸训练营

孕妈妈有时候上班会比较辛苦，准爸爸可以在孕妈妈下班后，帮她轻轻揉揉肩膀，以缓解颈肩处的酸痛，这种贴心的举动会让孕妈妈暖到心里。

(95页谜底)
1. 毛笔、铅笔、钢笔、粉笔；2. 铅笔；3. 橡皮；4. 粉笔；5. 煤；6. 砖头；7. 玻璃；8. 电灯；9. 电视机；10. 海龟；11. 蜜蜂；12. 山羊；13. 知了；14. 蜗牛。

第 100 天
漂亮的指印画

胎宝宝在本月开始长出代表个人特征的指纹印，手指和脚趾已完全成形。今天，孕妈妈就尝试用手指来作画吧。

不同的手指蘸着不同的色彩按指印，“创造”出栩栩如生的事物，是不是很有趣？相信这样的方式同样也吸引着胎宝宝。孕妈妈可以随意进行创作，在作画的时候别忘了告诉胎宝宝：“妈妈现在正在用红色的颜料按下花朵的花瓣，大点的花瓣用中指印，小点的用小指印就可以了……”

完美准爸爸训练营

在制作指印画之前，准爸爸可以帮孕妈妈准备好需要用到的颜料、图纸等材料，为了防止弄脏孕妈妈的衣服，还要帮她准备一件围裙。用完之后，记得帮孕妈妈清洗干净啊。

第 101 天
鹦鹉的笑话

鹦鹉会说话，形象鲜明可爱，有许多幽默故事都是跟鹦鹉有关的，现在就和孕妈妈分享两则，相信看到最后一句话，会让孕妈妈会心一笑。

（一）

小王去逛鸟市，发现一只鹦鹉标价 3 元钱。于是他就问卖主：“您这只鹦鹉怎么这么便宜呀？”

卖主：“我这只鹦鹉特别笨！我教了它好长时间了。到现在为止就只会说一句话——谁呀？”小王一想反正也便宜，就买下来了。

晚上到了家，小王教了它一夜别的话，可是鹦鹉还是只会说“谁呀？”于是小王无奈地锁上门去上班了。

过了一会儿，来了一个查水表的，“咚咚咚”敲起了门。

鹦鹉：“谁呀？”门外：“查水表的。”

鹦鹉：“谁呀？”门外：“查水表的。”

……

到了晚上，小王回来了。看见家门口有个人躺在地上口吐白沫。小王惊呼：“这是谁呀？”听见屋里传来鹦鹉的声音：“查水表的。”

（二）

一个小伙子在生日那天收到礼物，是一只会说话的鹦鹉。可是很快发现这只鹦鹉非常粗鲁，而且根本不懂礼貌。他决心改变鹦鹉。他每天对它说礼貌用语，教它文雅的词汇，放轻柔的音乐，可是一点用也没有，鹦鹉仍是满嘴脏话。

他生气地冲着鹦鹉喊，鹦鹉冲着他喊得更响。一次，他气极了，把鹦鹉扔进冰箱里。几秒钟后，他听到鹦鹉在里面扑腾，叫喊。突然，安静下来了，一点声儿也没有。半分钟过去了，还是没声。他担心鹦鹉被冻坏了，马上打开冰箱。

鹦鹉平静地走出来，乖乖地站到他胳膊上，用非常诚恳的语气说：“很抱歉我惹你生气了，以前是我做得不对，我决定痛改前非，再不说脏话了，请你原谅我。”

小伙子惊异于鹦鹉的转变，还没来得及说什么，鹦鹉接着说道：“我能问问里面那只鸡做错了什么吗？”

完美准爸爸训练营

这两则笑话，由准爸爸讲给孕妈妈听，可能更具幽默效果。尤其是当读到鹦鹉说话的部分时，准爸爸不妨努力模仿一下鹦鹉的声音，孕妈妈一定会开怀大笑的。

第 102 天
胎宝宝学《千字文》

在古代，小朋友们学习语言都是从《千字文》《三字经》《百家姓》开始的。其中，《千字文》构思精巧，语句平白如话，易诵易记，并且知识丰富，音韵谐美，条理清晰，文采斐然，成为千百年来孩子们的启蒙书。孕妈妈带着胎宝宝诵读一下《千字文》吧。

《千字文》节选

天地玄黄 宇宙洪荒 日月盈昃(zè) 辰宿列张
寒来暑往 秋收冬藏 闰馀(yú) 成岁 律吕调阳
云腾致雨 露结为霜 金生丽水 玉出昆冈
剑号巨阙 珠称夜光 果珍李柰(nài) 菜重芥姜
海咸河淡 鳞潜羽翔 龙师火帝 鸟官人皇
始制文字 乃服衣裳 推位让国 有虞陶唐
吊民伐罪 周发殷汤 坐朝问道 垂拱平章
爱育黎首 臣伏戎羌 遐迩一体 率宾归王
鸣凤在竹 白驹食场 化被草木 赖及万方
盖此身发 四大五常 恭惟鞠养 岂敢毁伤
女慕贞洁 男效才良 知过必改 得能莫忘
罔谈彼短 靡恃己长 信使可复 器欲难量
墨悲丝染 诗赞羔羊 景行维贤 克念作圣
德建名立 形端表正 空谷传声 虚堂习听
祸因恶积 福缘善庆 尺璧非宝 寸阴是竞
资父事君 曰严与敬 孝当竭力 忠则尽命

在抑扬顿挫的吟诵中，带胎宝宝一同感受文明的进程。

完美准爸爸训练营

《千字文》虽然读起来很美，但以前没接触过的孕妈妈难免对其中讲解的知识不了解，准爸爸就来告诉胎宝宝和孕妈妈每句话是什么意思吧。比如第一句描写的是古人理解的宇宙初始的样子，然后有了炎帝和黄帝，有了文字和服装，开始了文明的历程。

第 103 天
动听的《雪绒花》

本书为孕妈妈提供了许多音乐胎教素材，其实，有时候音乐胎教和英语胎教也是可以同时进行的。《音乐之声》就是一部将音乐和英语结合得很好的电影，热爱自由、善良美丽的修女玛利亚，美丽的阿尔卑斯山山坡，清澈的湖泊，雅致的别墅，活泼可爱的孩子以及追求自由的勇气，都能让孕妈妈产生积极的情绪。

欣赏电影《音乐之声》

这部电影清新别致，雅俗共赏，既有风趣幽默的语言对白，又有深沉凝重的感情，是全世界票房最高的电影之一。

影片中的许多插曲都成为脍炙人口的儿童歌曲，如《音乐之声》《孤独的牧羊人》《雪绒花》《哆来咪》《晚安，再见！》等，在世界各地广泛流传。影片中，上校在玛利亚和孩子们的盛情邀请之下，接过吉他自弹自唱了这首自己最喜爱的、已多年不唱的奥地利民谣《雪绒花》。

完美准爸爸训练营

有空陪孕妈妈再重温一下电影《音乐之声》吧。如果准爸爸会乐器，那就来给孕妈妈和胎宝宝演奏一曲《雪绒花》吧。准爸爸如果不会也没关系，轻轻哼唱这首歌，胎宝宝一定能感受到你的祝福。

雪绒花

雪绒花，雪绒花，
每天清晨迎接我开放。
小而白，
洁而亮，
向着我快乐地摇晃。
白雪般的花儿愿你芬芳，
永远开花生长。
雪绒花，雪绒花，
永远祝福我家乡。

Edelweiss

Edelweiss, edelweiss,
Every morning you greet me.
Small and white,
Clean and bright,
You look happy to meet me.
Blossom of snow may you bloom and grow,
Bloom and grow forever.
Edelweiss, edelweiss,
Bless my homeland forever.

第 104~105 天
做漂亮的收纳盒

空闲的时候，孕妈妈可以发挥自己的创意做一些小手工。这不仅可以给胎宝宝进行美学胎教，还能变废为宝呢。

材料准备：

纸盒、纸板、包装纸、剪刀、双面胶、尺子、铅笔。

制作方法：

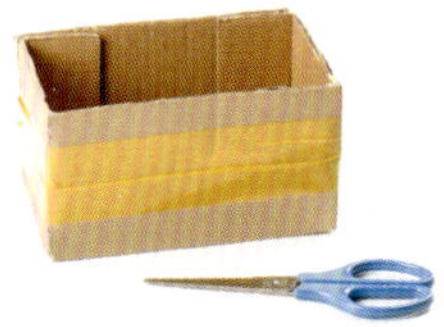

1 找一个比较结实的纸盒，将其裁剪成如图所示形状。

2 用尺子量好纸盒的长和宽，用铅笔在纸板上画好尺寸。

3 按照纸盒大小裁剪好收纳盒中的隔板。

4 用双面胶将喜欢的包装纸包裹好收纳盒的内外框及隔板。

5 将隔板放进盒中，一个漂亮的收纳盒就做好了。

现在就把一些小物件放进去吧！

完美准爸爸训练营

准爸爸要提前将家里不用的纸盒擦干净，以方便孕妈妈制作。准爸爸还可以和孕妈妈一起动手，多做两个收纳盒，然后由准爸爸将家中零散的小东西都整理起来吧。

第 106 天
送你《公主的发夹》

对每个孕妈妈来说，胎宝宝就是她们的小公主、小王子，总是小心翼翼、万分珍爱地对待。今天孕妈妈来给胎宝宝读一下下面这个有关公主的故事吧，看看它告诉了胎宝宝一个什么样的道理。

从前，有一个国王有七个女儿，这七位美丽的公主是国王的骄傲。她们那一头乌黑亮丽的长发远近皆知，所以国王送给她们每人一百个漂亮的发夹。

有一天早上，大公主醒来，一如往常地用发夹整理她的秀发，却发现发夹不见了，于是她偷偷地到了二公主的房里，拿走了一个发夹。

二公主发现少了一个发夹，便到三公主房里拿走一个发夹；三公主发现少了一个发夹，也偷偷地拿走四公主的一个发夹。

四公主如法炮制地拿走了五公主的发夹；五公主一样拿走六公主的发夹；六公主只好拿走七公主的发夹。

于是，七公主的发夹就找不到了。

隔天，邻国英俊的王子忽然来到皇宫。

他对国王说："昨天我养的百灵鸟叼回了一个发夹，我想这一定是属于公主们的，而这也真是一种奇妙的缘分，不知道是哪位公主掉了发夹？"

公主们听到了这件事，都在心里想说：是我掉的，是我掉的。可是头上明明完整地别着一百个发夹，所以都懊恼得很，却说不出。

只有七公主走出来说："我掉了一个发夹。"

话才说完，一头漂亮的长发因为少了一个发夹，全部披散了下来，王子不由得看呆了。于是王子娶了七公主，从此一起过着幸福快乐的日子。

——节选自《国王的七个女儿》

完美准爸爸训练营

准爸爸可以绘声绘色地把这个故事讲给胎宝宝听，别忘了把故事的道理也告诉胎宝宝，相信在准爸爸的坚持下，胎宝宝会越来越聪明！还有，孕妈妈永远是你美丽的公主，给她买一个漂亮的发夹吧，或者送给她别的小礼物。

第 107 天
舞蹈的树叶小人

在胎宝宝大脑发育不断完善的第 4 个月，胎宝宝应该从母体中得到足够多的新鲜氧气，大自然恰好给胎宝宝提供了充足的氧气。孕妈妈多到大自然中走一走，在新鲜的空气中深吸一口气，也能让孕妈妈放下不好的情绪，得到身心的放松。

散步的时候孕妈妈可以收集一些形状各异的树叶带回家，夹在书本里压平，回来做树叶拼贴画。树叶千姿百态，与很多物体的形状相似，用树叶来拼贴各种物体，既经济实惠，又能做装饰，还能让孕妈妈心情变好，锻炼孕妈妈的想象力和创造力。

这里给孕妈妈准备的范例是树叶拼成的舞蹈小人，在制作的时候，想象一下：胎宝宝是不是也跟这树叶小人儿一样，在孕妈妈肚子里高兴得手舞足蹈？

胎宝宝也在孕妈妈的肚子里愉快地舞蹈。

完美准爸爸训练营

有空时，陪孕妈妈去大自然中走一走，带她呼吸一下新鲜空气，陪她收集树叶。孕妈妈反复弯腰捡树叶会有些累，准爸爸要多出点力。创作树叶拼贴画时，准爸爸要发挥想象力，为孕妈妈提供创意！

第 108 天

等待《一粒种子》

胎宝宝从一粒小小的种子，长成一个完整的小人儿，在这过程中，孕妈妈可是经历了许多辛苦呢。对胎宝宝就像对待种子一样，要给他浇水、施肥、晒太阳，他才能长得健健康康。下面这个故事告诉孕妈妈任何事情都要遵循它自身的发展规律，对胎宝宝也是一样哦。

有一粒种子，听说它开出的花是最美最香的。可是从来没人种过它，自然也就没人见过它的美丽的花，闻过它的香气。

国王听说有这样一粒种子，十分欢喜。他说："我的花园里什么花都有。但是都是些平常的花，有什么稀奇？现在有这样一粒种子，等它开出花来，世界上就没有第二棵。这才显得我最尊贵。"

国王就叫人把这粒种子取来，种在一个白玉盆里。土筛了又筛，总怕它还不够细。浇的水滤了又滤，总怕它还不够干净。每天早晨，国王亲自把这个盆从暖房里搬出来，摆在殿前的玉阶上，晚上亲自搬回去。天气一冷，暖房里还要生上火炉，热烘烘的。

转眼就是两年。春夏秋冬，国王总是在盆旁边祝福说："你快点发芽吧！"但是一点儿效果也没有。于是国王生气了，他说："这是死的种子，我要它干吗！"就使劲往池子里一扔。

种子从国王的池里，跟着流水流到乡间的小河里。后来，种子又遇见了富翁、商人和士兵，他们也像国王那样对待种子，可是种子还是没有开花。他们也就把种子扔掉了。

一天，一个农夫看见了这粒种子："真是一粒可爱的种子！种上它吧。"就用锄刨了一个坑，把种子埋在里边。他照常工作，该耕就耕，该锄就锄，该浇就浇。没几天，在埋那粒种子的地方，碧绿的嫩芽钻出来了。长啊，长啊，种子终于长到西瓜那样大，开花了。瓣是红的，数不清有多少层，蕊是金黄的，数不清有多少根。一股浓郁的香味放出来，不管是谁，走近了，沾在身上就永远不散。

——改编自叶圣陶《一粒种子》

完美准爸爸训练营

孕妈妈有时候会忍不住担心：宝宝会不会不健康呢，宝宝长得好吗，是男孩还是女孩啊？这种时候准爸爸要用轻松的语气开导孕妈妈：不用担心，一切都会是完美的。

第109天 天上掉下个林妹妹

亲爱的宝宝，你就像天使一样来到妈妈的肚子里，让生活变得更加充实和美丽。

今天，孕妈妈就和胎宝宝一起来欣赏中国第二大剧种越剧的名段《天上掉下个林妹妹》。

越剧长于抒情，以唱为主，声腔清悠婉丽、优美动听，表演真切动人，极具江南灵秀之气。

这段《天上掉下个林妹妹》讲述的是：林黛玉刚来到贾府，与"还愿"归来的贾宝在相互见礼中，两人相互印象表述的精彩唱段。

悠扬婉转的越剧，会令孕妈妈的心情得到放松，所以也是很好的胎教音乐。

娴静犹如花照水，
行动好比风扶柳。

宝玉：
天上掉下个林妹妹，
似一朵轻云刚出岫。
黛玉：
只道他腹内草莽人轻浮，
却原来骨格清奇非俗流。
宝玉：
娴静犹如花照水，
行动好比风扶柳。
黛玉：
眉梢眼角藏秀气，
声音笑貌露温柔。
宝玉：
眼前分明外来客，
心底却似旧时友。

完美准爸爸训练营

准爸爸可以和孕妈妈分别饰演宝玉和黛玉，来对唱这段有名的越剧，它还能让你们想起刚刚相恋的美好时光呢。

第110天

为他唱一首汉乐府诗歌

最初的胎动是缓慢的，几乎是试探性的，因为小家伙的力量还不大，很像一尾小鱼一样在你的腹中游来游去。还有的孕妈妈说这种感觉像海带，有趣吧？但你也许会像许多孕妈妈一样，在最初体会到胎动时，会忍不住地热泪盈眶呢！

江南

江南可采莲，莲叶何田田。
鱼戏莲叶间。
鱼戏莲叶东，鱼戏莲叶西，
鱼戏莲叶南，鱼戏莲叶北。

歌中唱的是什么

这首诗选自汉乐府的《相和歌辞》，是一人唱，多人和的歌，诗的后五句只改变一个字，正表明了这种唱和的特点。而且这种反复回环的吟唱，更增加了音乐感和表现力。歌中描绘了江南荷花的丰茂盛美，以及鱼儿在荷花荷叶间自由自在地嬉戏的情景，同时也唱出了采莲人的快乐心情。

小提示

胎宝宝很喜欢有节奏感的东西，并且不怕重复，这种喜欢一直贯穿他的整个童年，甚至影响一生。像这种优美的音韵会给胎宝宝的大脑留下美好的记忆，使他朦胧地感知世界的美好与和谐，并把“爱”深深刻在脑海里。

荷花丰茂盛美，送来阵阵清香。

完美准爸爸训练营

到这个月末，胎宝宝就开始慢慢地出现胎动了，现在可以开始进行一些简单的家庭监护以利于随时了解胎宝宝的情况。准爸爸可要知道这些知识哦！监测的内容一般包括监测胎动、胎心音，测量宫高、体重等。准爸爸可以帮孕妈妈做这件事情，爸爸的关爱会通过妈妈的感受传递给胎宝宝。

第111~112天

忠贞藏在《摇篮》里

今天，我们一起来欣赏一下一位母亲的画作——《摇篮》。现在，你的宝宝在你的腹中，从某种意义上说，你的身体也是他的摇篮。在你的静静欣赏中，让他甜甜入梦吧。

《摇篮》是法国印象派女画家贝尔特·莫里索的一件优秀作品。

台湾散文家简媜这样描述这幅画：

挂在摇篮顶的白色纱帐轻柔地泻下，因母亲脸上专注神情的牵引使纱帐宛如世间最柔美的光芒，具有金色阳光的暖度与微风细雨的质感，全心全意拥抱着宁馨儿。

看这画，眼角微湿。

母亲凝睇的眼神是那么纯洁、坚定且忠贞。

是的，忠贞，人们常钻入爱情国度寻找这两个字，看了这幅画，我更相信"忠贞"藏在摇篮里。

完美准爸爸训练营

为你怀孕的妻子画一幅她的肖像画吧，哪怕你从未学过画画，画得不好也没有关系，只要用心，她一定会喜欢的。如果你觉得自己实在是没有一点绘画细胞，那就为她拍张照，然后使用绘图软件将照片处理成油画效果，一样会很漂亮呢。

孕5月
幸福，我们一同感受

像微风拂过莲花，轻轻的；像鱼儿掠过水面，悄悄的。宝贝，你是在欢快地舞蹈吗？妈妈开始真实地感觉到你的存在。胎宝宝在子宫的羊水中蠕动、挺身体、频繁活动手和脚，碰撞子宫壁而引起的胎动，是给妊娠中的孕妈妈带来欢愉的一个“里程碑”。

现在，胎宝宝循环系统、尿道等开始工作，他的肺发育得更强壮，以便适应将来呼吸子宫外的空气。从 16 周到 19 周，胎宝宝的听力形成，此时的他就像一个小小“窃听者”，能听得到妈妈的心跳声、血流声、肠鸣声和说话的声音。

胎宝宝的面部发育得更像人的样子，开始有了最早的面部表情，他还能皱眉、斜眼、做鬼脸呢。

第 113 天
均衡的饮食，美好的情绪

胎宝宝一天天长大，孕妈妈的幸福感也越来越强烈。虽然还未出世，可是孕妈妈总想给胎宝宝最好的呵护。其实，孕妈妈只要做到饮食均衡、睡眠充足，并保持情绪稳定、心情舒畅，就会促进胎宝宝健康的发育。

孕 5 月健康生活宜忌

宜

这个月胎宝宝牙齿开始钙化，恒牙牙胚开始产生，骨骼也要发育，这都需要大量的钙。因此，孕妈妈除了保证蛋白质、维生素、碳水化合物、矿物质的基本供给，还要特别注意补充含钙食物。

妊娠期间每天需要 1200 毫克的钙质，每日饮用 200~300 毫升牛奶（即普通袋装牛奶一袋）就能够满足这个需求。

孕期如果需要治疗牙齿，现在进行比较安全。如果是一般的牙龈出血、龋齿等情况，就要做好日常的口腔清洁工作，同时注意补充含有镁、磷、维生素 D 等营养素的食物。

忌

孕妈妈长期大量服用钙剂，血中钙浓度过高，会出现软弱无力、呕吐和心率失常等，这都不利于胎宝宝的生长。所以，孕妈妈要在医生的指导下服用钙剂。

馋的时候，别尽想着甜点，可以将黄瓜和胡萝卜切成条状当零食吃，帮助补充一天的蔬菜量。

如果爱美的孕妈妈注意到自己的脸上多了难看的黑斑或黄褐斑，也不要过于惊讶，这是因为怀孕使新陈代谢加快，雌激素在作怪，妊娠斑一般会在产后半年内消失。

用黄瓜、胡萝卜条代替不健康的零食。

完美准爸爸训练营

准爸爸要随时留心孕妈妈的情绪，孕妈妈因为身体变化或孕期不适会有一定的情绪波动，准爸爸要及时用你的行动来转移她的注意力，比如给她讲一个小笑话，或者给她揉揉腿。

第114天 合理的生活安排

在这个月，胎宝宝已具备听、嗅的能力，感知能力也在加强，所以可以学更多的东西了，各种胎教内容也应相对均衡。

孕妈妈可以有侧重地加强营养、适量运动，讲故事、听音乐，都是每天的日常功课。以下附后面几个月的每日生活、胎教内容安排表，供孕妈妈参考。

时间		生活内容	胎教内容
上午	6:30	起床，洗漱，准备早饭	向胎宝宝问早上好
	7:00	吃早饭，收拾餐桌	
	7:30	洗衣服	
	8:00	打扫房间	边打扫边哼唱歌曲，也可适当放些轻音乐
	9:00	工作时间	如果孕妈妈不用上班，应做些自己认为有意义的事 休息时：与胎宝宝聊聊天；临摹大字
	11:30	午餐	
下午	12:00	如果有条件睡一小会儿	
	13:00	工作时间	休息时：给胎宝宝讲讲故事
	17:00	休息一会儿	听音乐
晚上	18:00	准备晚饭	
	19:00	吃晚饭，收拾餐桌	
	20:00	与准爸爸厮守的时间	请准爸爸讲一些社会知识和白天发生的有趣的事
	21:00	读书	
	22:00	睡觉	和胎宝宝道晚安

完美准爸爸训练营

随着月份的增加，孕妈妈行动不便，同时身体会感觉疲乏。准爸爸如果有时间，要多帮孕妈妈做些家务活，让孕妈妈能有充足的时间休息，这样会让孕妈妈的身体、心情同时得到放松。

第115天 准爸爸讲《两只毛毛熊》

胎宝宝对男性低频率的声音很敏感。更加重要的是，准爸爸参与胎教能让孕妈妈感觉受到了重视与疼爱，孕妈妈的愉悦能轻松带动胎宝宝愉快的心情，使得胎宝宝日后成为一个快乐的孩子。

有两只毛毛熊，长得都挺可爱，它俩一个黑，一个白。白的叫小白，黑的叫小黑。它俩还都会捉鱼。为了比赛它们谁更勤劳，它们还把自己捉的鱼挂在了屋檐下，意思是说：看看吧！看谁捉得多！

狡猾的狐狸猜到了它俩的心思，就悄悄地找到小白，说："这样吧，我来帮你一把，每天我都把小黑的鱼偷吃掉两条，这样一数鱼，保证你比它多！"

小白听了快活得直蹦："好！就这样！我一定为你保密！"

果然，第二天比赛时，小白胜了。

可是，第三天比赛时，小白的鱼却比小黑的鱼少了一条。

原来，狡猾的狐狸也找了小黑，对它说："这样吧！我也来帮你一把，我每天都把小白的鱼偷吃掉两条，这样一比，保证你多！"

小黑也高兴得直蹦："好！就这样！就这样！我一定为你保密！"

就这样，狡猾的狐狸一会儿帮帮这个，一会儿帮帮那个，天天把肚子撑得圆滚滚的。而两只毛毛熊却一直蒙在鼓里，后来，当它们终于明白了这一切，要找狐狸算账时，狡猾的狐狸早就溜得无影无踪啦。

完美准爸爸训练营

准爸爸可以每天与胎宝宝对话，或讲愉快优美的童话故事给他听。准爸爸在讲故事时要注意声音的抑扬顿挫，可以惟妙惟肖地模仿小动物说话，胎宝宝在静静地聆听中会感到快乐、舒适。

第 116 天
吉祥的中国结

我们经常将对生活的美好期盼和祝福寄托在有意义的事物上，中国的很多文化艺术正好体现了这一点，而这些往往也是我们进行胎教的好素材。中国结就是其中很好的例子。孕妈妈如果有兴趣也可以自己动手学做一个。

中国结，是由旧石器时代的缝衣打结，推展至汉朝的仪礼记事，再演变成今日的装饰手艺。因为其外观对称精致，可以代表中华民族悠久的历史，符合中国传统装饰的习俗和审美观念，故命名为中国结，也象征着吉祥和如意。

吉祥的“音结”

中国结的取意如其他中国艺术般多利用形态、谐音而取其意，如用“吉字结”“罄结”“鱼结”结合就成为“吉庆有余”的结饰品，以“蝙蝠结”加上“金钱结”，可组成“福在眼前”等。以此类推，又延伸出了“长寿安康”“财物丰盛”“团圆美满”“幸福吉祥”“喜庆欢乐”等祈福的内涵，被作为民间祝祷的符号，成为世代相传的吉祥饰物。

结爱

（唐）孟郊

心心复心心，结爱务在深，
一度欲离别，千回结衣襟。
结妾独守志，结君早归意。
始知结衣裳，不知结心肠。
坐结亦行结，结尽百年月。

完美准爸爸训练营

准爸爸可以买几个中国结来装饰一下你们的卧室和客厅，这样你们的家就会显得更加温馨和漂亮，孕妈妈的心情也会更加轻松愉快。或者准爸爸买来参考书和红绳，和孕妈妈一起动手编几个中国结，这样更有情趣呢。

第117天
读一首《春江花月夜》

春、江、花、月、夜，多么美好的五种事物，这些事物集合在一起，形成了多么宁静的良辰美景，不禁令人心驰神往。我们伟大的诗人已将这些美景写进了诗里，孕妈妈可以在诵读中细细品味。

《春江花月夜》是中国唐代诗人张若虚仅存的一首名诗，词句优美，被称为是“孤篇盖全唐”的杰作，闻一多也称之为：“这是诗中的诗，顶峰上的顶峰。”

春江潮水连海平，海上明月共潮生。滟滟随波千万里，何处春江无月明。
江流宛转绕芳甸，月照花林皆似霰。空里流霜不觉飞，汀上白沙看不见。
江天一色无纤尘，皎皎空中孤月轮。江畔何人初见月？江月何年初照人？
人生代代无穷已，江月年年望相似。不知江月待何人，但见长江送流水。
白云一片去悠悠，青枫浦上不胜愁。谁家今夜扁舟子？何处相思明月楼。
可怜楼上月徘徊，应照离人妆镜台。玉户帘中卷不去，捣衣砧上拂还来。
此时相望不相闻，愿逐月华流照君。鸿雁长飞光不度，鱼龙潜跃水成文。
昨夜闲潭梦落花，可怜春半不还家。江水流春去欲尽，江潭落月复西斜。
斜月沉沉藏海雾，碣石潇湘无限路。不知乘月几人归，落月摇情满江树。

完美准爸爸训练营

虽然很难同时遇到“春、江、花、月、夜”，准爸爸依然可以在天气适宜的时候带孕妈妈出去走走，去发现生活中更多的美景。现在孕妈妈的肚子已经“初具规模”了，正是拍照的好时机，准爸爸不妨在孕妈妈观赏美景时多拍几张照片留念。

第118~119天 听一曲《春江花月夜》

品读完《春江花月夜》所描写的壮阔景色，我们再来听听优美的同名古曲。这首曲子非常适合在晚上，夕阳西下、夜色渐起时听，孕妈妈与准爸爸一起感受音乐中的安详与幸福。

感受音乐之美：多彩的渔民生活

孕妈妈可以在乐曲中畅想那美丽的景色，也可以通过了解整个曲目，更好地体会这首乐曲。全曲共分10段：江楼钟鼓、月上东山、风回曲水、花影层叠、水深云际、渔歌唱晚、回澜拍岸、桡（ráo）鸣远濑、欸（ǎi）乃归舟和尾声。欸乃归舟是全曲高潮，孕妈妈可以重点听一下这段，这段音乐描绘的是小舟归途，划船回家的欢快，桨击浪涌声响彻江面，达到了情绪意境的顶峰。它的旋律由慢而快，由弱而强，层层递进，如春风鼓荡，可以调动孕妈妈的情绪，使孕妈妈经过一天的劳累后得到放松。

此外，孕妈妈在心情烦躁的时候也可以听听这首曲子，可以将自己融入到月夜春江的迷人景色之中，在这幅色彩柔和、清丽淡雅的山水长卷之中让自己变得心旷神怡。

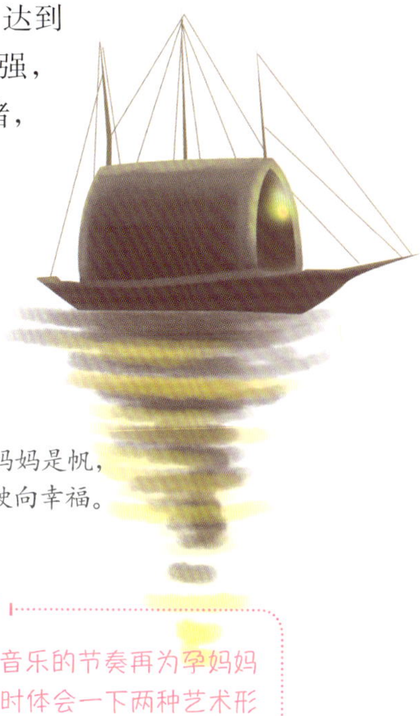

爸爸是船，妈妈是帆，
载着宝宝，驶向幸福。

完美准爸爸训练营

准爸爸可以在孕妈妈听这首乐曲时，根据音乐的节奏再为孕妈妈轻声朗诵一遍诗歌《春江花月夜》，让孕妈妈同时体会一下两种艺术形式的融合和美妙。

第120天
有趣的《猴子捞月》

猴子跟人有许多相似之处，所以它们闹出的笑话也格外好玩，还记得那只想捞起月亮的小猴子吗？把这个故事讲给胎宝宝听吧，看看小猴子们的做法哪里出了问题，说不定宝宝出生后，也会有和小猴子一样的疑惑哦。

过去有一个伽师国，国内有一座波罗柰城。在城郊人迹稀少的森林中，生存着数百只猴子。一天晚上，这群猴子嬉戏着来到了一口井旁。

不知是哪只猴子先发现月影在井中一晃一晃，便大吃一惊："不好了，月亮掉到井里去了！"一只年长的猴子一听，赶过来看了看井中的月亮，便对同伴们说："月亮掉到井里，我们应该共同努力把它捞上来，免得叫世界上每个夜晚都黑沉沉的。"

可怎么才能捞出月亮呢？那只年长的猴子一拍脑壳："有办法了，我攀在树枝上，你们拽住我的尾巴，一个连一个，就可以捞出月亮了。"于是，那群猴子便一个接一个，连成了一长串，挂到水面。猴子们想，这下我们总可以把月亮捞上来了，他们很高兴。

小猴子将手伸到井水中，对着月亮一把抓起，可是除了抓住几滴水珠外，怎么也抓不到月亮。小猴子这样不停地抓呀、捞呀，折腾了老半天，依然捞不着月亮。

倒挂了半天的猴子们觉得很累，都有点支持不住了。有的开始埋怨说："快些捞呀，怎么还没捞起来呢？"有的叫着："我挂不住啦！挂不住啦！"

老猴子也渐渐腰酸腿疼，它猛一抬头，忽然发现月亮依然在天上，于是它大声说："不用捞了，不用捞了，月亮还在天上呢！"

众猴都抬头朝天上看，月亮果真好端端地在天上呢。

完美准爸爸训练营

准爸爸可以把小猴子捞不起月亮的原因告诉胎宝宝：平静的水面就像镜子一样，水里的月亮是天上月亮的倒影，水里并没有月亮。这样，胎宝宝不仅听了故事，还增长了知识。

第121天

给《猴子捞月》涂上漂亮的颜色

读完了《猴子捞月》的故事，孕妈妈如果意犹未尽的话，就来完成下面这幅画的涂色游戏吧。

拿起画笔或彩笔，在纸上的空白处涂上漂亮的颜色。不用非得给月亮涂成黄色，猴子的身体也可以不是褐色。你可以天马行空，想怎么涂就怎么涂。

完美准爸爸训练营

准爸爸可以找来一张质地稍好的白纸，将书上任何一幅孕妈妈喜欢的画描摹下来，然后由孕妈妈进行涂色。涂色完成后，准爸爸可以买来画框，将你们的“杰作”装裱起来，等你们的宝宝出生后，可以作为礼物送给他。

第 122 天
有趣的数字游戏

孕妈妈不要看到数字游戏就头疼，有的数字游戏是非常有趣的。多做一些数字游戏，有利于锻炼自己的逻辑思维能力、抽象思维能力，这些锻炼除了能预防孕妈妈在孕期思维变迟钝，还对胎宝宝的大脑发育很有利。

1. 有两根不均匀分布的香，香烧完的时间是一个小时，你能用什么方法来确定一段 15 分钟的时间？

2. 有这样一列数字：1，11，21，1211，111221，312211，13112221，1113213211……下一个数字应该是多少？

3. 有两位盲人，他们都各自买了两对黑袜和两对白袜，八只袜子的布质、大小完全相同，而每对袜子都有一张商标纸连着。两位盲人不小心将八对袜子混在了一起。他们每人怎样才能取回黑袜和白袜各两对呢？

4. 你有一桶果冻，其中有黄色、绿色、红色三种，闭上眼睛，抓取两个同种颜色的果冻。抓取多少个就可以确定你肯定有两个同一颜色的果冻？

果冻也能做游戏，快来让宝宝看一看，这些都是什么颜色。

完美准爸爸训练营

怀孕期间，孕妈妈可能变得对数字非常不敏感，有时还有点健忘，准爸爸可以为孕妈妈准备一个小笔记本，方便孕妈妈记一些有用的数据和备忘信息。

数字游戏答案：1. 第一根香点燃一头，第二根香点燃两头。等第二根香烧完时，时间过去了 30 分钟。再把第一根香剩下的另一头也点燃。从这时起到第一根香烧完的时间就是 15 分钟。2. 31131211131221. 下一行的数字是对上一行的解释。3. 将每对袜子拆开一人一只。4. 4 个。

第123天

越玩越聪明的手指操

著名哲学家康德曾说："手是身体的大脑。"手指的运动，就是大脑的体操。对于孕妈妈来说，手指操这种声、行结合的运动，既能锻炼手指的灵活性，让胎宝宝更聪明，还能同时放松身心，让胎宝宝更愉悦。

手指操《五指见面》

拇指哥哥见面了，弯弯腰。1

食指中指大姐姐，跳个舞。2

无名指小弟弟，见面碰碰头。3

小指妹妹在一起，拉拉钩。4

1 双手伸出拇指，相对，弯曲两下。

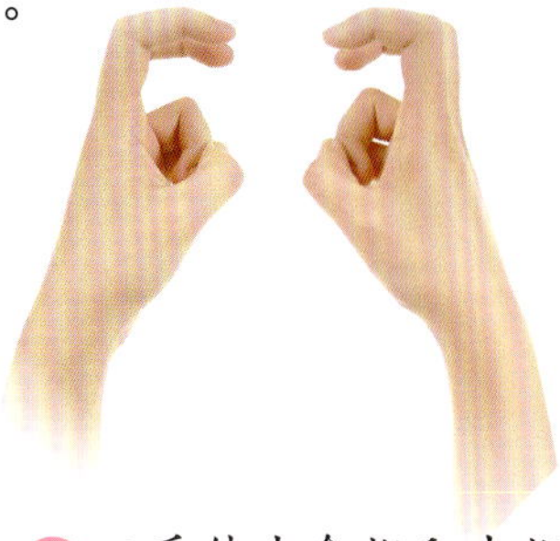

2 双手伸出食指和中指，相对，弯曲两下。

3 双手伸出无名指，碰一下手指头。

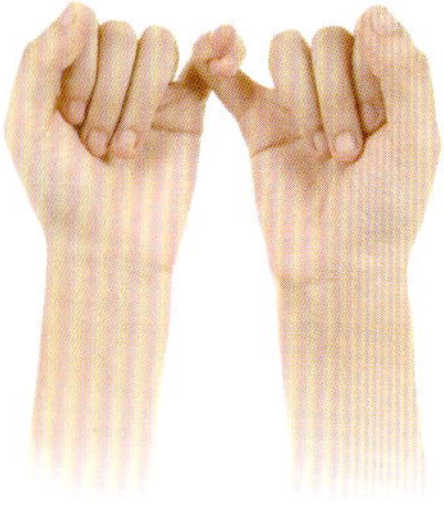

4 双手伸出小手指，交叉勾在一起。

经常活动手指，宝宝会更聪明。

完美准爸爸训练营

许多孕妈妈由于经常使用电脑，握鼠标的右手就会觉得非常僵硬，准爸爸可以给孕妈妈揉揉手指，减轻孕妈妈的不适感。

第 124 天
美丽的《荷塘月色》

孕妈妈在上学时应该都读过朱自清先生的《荷塘月色》，这篇文章以极其细腻的手法描绘了月下荷塘的美妙景色，清新、自然，让人身心愉悦。现在再把这篇优美的散文读给胎宝宝听吧，相信他也会喜欢的。

月光如流水一般，静静地泻在这一片叶子和花上。薄薄的青雾浮起在荷塘里。叶子和花仿佛在牛乳中洗过一样；又像笼着轻纱的梦。虽然是满月，天上却有一层淡淡的云，所以不能朗照；但我以为这恰是到了好处——酣眠固不可少，小睡也别有风味的。月光是隔了树照过来的，高处丛生的灌木，落下参差的斑驳的黑影，峭楞楞如鬼一般；弯弯的杨柳的稀疏的倩影，却又像是画在荷叶上。塘中的月色并不均匀；但光与影有着和谐的旋律，如梵婀（ē）玲（英语 violin 小提琴的译音）上奏着的名曲。

荷塘的四面，远远近近，高高低低都是树，而杨柳最多。这些树将一片荷塘重重围住；只在小路一旁，漏着几段空隙，像是特为月光留下的。树色一例是阴阴的，乍看像一团烟雾；但杨柳的丰姿，便在烟雾里也辨得出。树梢上隐隐约约的是一带远山，只有些大意罢了。树缝里也漏着一两点路灯光，没精打采的，是渴睡人的眼。这时候最热闹的，要数树上的蝉声与水里的蛙声；但热闹是他们的，我什么也没有。

——节选自朱自清《荷塘月色》

完美准爸爸训练营

准爸爸可以在吃过晚饭后，陪孕妈妈一起去公园散步，欣赏美丽的月色。在没有月亮的晚上，准爸爸可以为孕妈妈播放一段贝多芬的《月光奏鸣曲》。

第125~126天

花的语言

胎宝宝像一粒种子在孕妈妈的肚子里发芽、长大，孕妈妈的心间也开出了一朵美丽的花。是玫瑰还是牡丹？让我们一起来听一听，不同的花有着怎样不同的语言。

不同的节日用不同的花表达

春节

春节是我国的传统节日，而且是春天将要到来的象征。因而一般送新颖别致的小盆花，如报春花、富贵菊、仙客来、荷包花、紫罗兰。亦可选送大丽花、牡丹花、水仙花、桃花、吉庆果、金橘、状元红、吉祥果等表示吉祥。

情人节

每年2月14日，通常以赠送一枝红玫瑰来表达情人之间的感情。玫瑰是主要的礼品花之一，表明专一、情感和活力。玫瑰一般有深红、粉红、黄色、白色等颜色。情人节以送红玫瑰的最多。

妇女节

3月8日是国际劳动妇女节，世界因为女性的诞生，显得分外美丽！可以送她一束玫瑰，也可以是康乃馨、百合。

母亲节

每年5月的第二个星期日。通常以红色康乃馨来祝愿母亲健康长寿。黄色康乃馨代表对母亲的感激之情；粉色康乃馨祈祝母亲永远美丽年轻；白色康乃馨除具有以上各色花的意思外，还可寄托对已故母亲的哀悼思念之情。

父亲节

每年6月的第三个星期日。通常以送黄色的玫瑰花为主。在有的国家，把黄色视为男性的颜色。在日本，父亲节时必须送白色的玫瑰花，枝数和造型不限。

七夕节

每年农历七月初七是我国的传统节日七夕节。男士为了追求心爱的女士，便在这一天，送出他们的祝福，用火红的玫瑰来表达他们的爱意。

圣诞节

12月25日，通常以一品红作为圣诞花，花色有红、粉、白三色，状似星星，好像下凡的天使，含有祝福之意。

完美准爸爸训练营

准爸爸在下班的路上顺便买一枝玫瑰花带回家吧，把它送给孕妈妈，告诉她你永远爱她。温馨和谐的家庭氛围正是爸爸妈妈给胎宝宝的最好胎教。

第127天
有趣的汉字

中国汉字魅力无穷，同一个字，也许有着相反的两个意思；有的看到字形就能猜出它的意思，比如“休”字，像一个人在靠着一棵树，意思就是休息。今天，孕妈妈就先为胎宝宝讲两个关于汉字的故事吧，告诉他：巧用汉字，有时也能产生意想不到的效果。

李四光改名

著名地质学家李四光原名李仲揆(kuí)。他自幼品学兼优，少年时便被保送日本深造。在填写出国表格时，不慎将自己所交的“十四元”钱数错填到姓名一栏内。如果再换一张表，还得交钱。怎么办呢？聪明的李四光灵机一动，在“十”字下面加上几笔，变成了“李”字，又将“元”字改为“光”字，这样，“十四元”就变成了“李四光”，表示“四面光明”之意，他的“新名字”就这样诞生了。这表明少年时代的李四光就聪颖超群，机智过人。

巧用汉字，有时能产生意想不到的效果。

未必敢来

有一次，北方匈奴要进攻中原，遣人先送来一张“战表”，皇上拆开一看，原来是“天心取米”四个大字，满朝文武大臣没有一个解得此谜。皇上无法可想，只得张榜招贤。这时，宫中一个名叫何瑭的官说他有退兵之计，皇上急宣何瑭上殿。

何瑭指着“战表”上的四个字对皇上说：“天者，吾国也；心者，中原也；米者，圣上也。天心取米，就是要夺我国江山，取君王之位。”皇上急道：“那怎么办呢？”何瑭说：“无妨，我自有退兵办法。”说着，提笔在手，在四个字上各添了一笔，原信退给了来人。

匈奴的领兵元帅以为是中原不敢应战，可是拆开一看，顿时大惊失色，急令退兵。原来，何瑭在“天心取米”四个字上各加一笔后，变成了“未必敢来”。

完美准爸爸训练营

准爸爸可以在孕妈妈读故事时，找来纸和笔，为孕妈妈和胎宝宝做一些识字卡片，这在以后的胎教中都能用得到。

第128天
“爱”的卡片

看到“爱”这个字，孕妈妈的心里是否觉得一股暖意随之释放？妈妈对孩子总是充满了无限的爱，爱是一种发自内心的情感。今天我们就以识字卡片的形式，来好好感受一下“爱”这个字吧。

爱	愛

什么是爱呢？孕妈妈可以一边用手指一笔一画地在卡片上描摹这个字，一边静静回想生活中令人感动的爱的故事。外婆为宝宝做了一件漂亮的小衣服，那么小巧，那么可爱。小蝴蝶总是围绕在蝴蝶兰的周围，那也是一种爱。

繁体的“爱”字，由“爫”“冖”“心”“夂”四部分组成。从字形上就能看出，无论是爱人、还是被爱，都要用心付出和感受。爱人时，爱出自真诚之心，才有令人动容的行为；被爱时，只有用心去体验、去感受才能了解爱的真谛。

宝宝出生后，就能亲身感受到那种无法用言语描述的浓浓的情谊。宝宝，希望你将来能对这个世界保有最多的爱，也得到最多的爱。

完美准爸爸训练营

每天上班前，准爸爸可以亲亲孕妈妈的额头和她道别；下班回到家，轻轻地抱抱孕妈妈，这就是你对孕妈妈和胎宝宝爱的表达。

第129天

《闻味儿与听声儿》的故事

阿凡提永远那么幽默和聪明，今天，就由准爸爸为胎宝宝讲一个阿凡提的故事吧。

阿凡提是个爱打抱不平的人。一天，他在一家饭店看到饭店掌柜的正扯着一个穿着破烂衣服的穷汉大声吆喝："不给钱就想走？没那么便宜！"穷汉也不示弱："凭什么白要人家的钱，哪有这样的事？！"

他看到这个情景就问掌柜的："他为什么应该给你钱？"掌柜的说："他在这儿坐了半天，饭菜的香味他都闻去了。他还带了一个饼来，等我的饭菜香味都跑到他的饼里去了，他吃完就想走。你说，还能白闻味儿吗？"

穷汉说："我本来想在这里吃顿饭，钱不够了，就坐这儿指望能讨点剩饭剩菜吃，可运气不好，没有讨着，只好吃掉自己带来的饼。就这样，掌柜的非要我给他闻味的钱不可，哪有这种道理！"阿凡提对掌柜的说："让我跟他说，他会把闻味的钱给你的。"

阿凡提转身又对穷汉说："你把手里的钱都给我，我会让你们都满意的。"

穷汉听了阿凡提的话，迟迟疑疑地把钱交给了阿凡提。阿凡提把接过的钱举到掌柜的耳边使劲地摇晃，问："听见了吗？听到钱的声音了吗？"掌柜的特别爱听钱的碰击声，满脸堆笑地说："听见了，听见了。"这时，阿凡提把钱还给那个穷汉，说："你可以走了。"

"你凭什么把他放走？"掌柜的气哼哼地说。阿凡提说："你俩两清了，他怎么就不可以走？""怎么两清了？"掌柜的丈二的和尚摸不着头脑。阿凡提说："他闻了你饭菜的香味，他不给你钱；你听了他的钱的声音，你也不用给他钱，这不两清了吗？"掌柜的一听，傻眼了，只好让穷汉走了。

阿凡提用他的聪明才智帮助了别人。

完美准爸爸训练营

孕妈妈需要"闻好味儿"，准爸爸要经常给家里通风换气；孕妈妈休息时不希望"听声儿"，准爸爸要为孕妈妈营造一个良好的睡眠环境。

第 130 天

象声词儿歌《动物怎么叫》

胎宝宝在第 5 个月时，已经能对外界的声音做出反应，有时听到有节奏的音乐还会手舞足蹈呢。胎宝宝在孕妈妈的肚子里最先熟悉的是妈妈的心跳声，“扑通、扑通”的非常有节奏，有时还能听到妈妈的肚子发出的“咕噜、咕噜”声。正是这些类似于象声词的声音，开启了胎宝宝对世界的认知之旅。今天孕妈妈就来读一些有趣的象声词儿歌吧。

动物怎么叫

小猫叫，喵喵喵。
小狗叫，汪汪汪。
小鸡叫，叽叽叽。
小鸭叫，嘎嘎嘎。
小羊叫，咩咩咩。
老牛叫，哞哞哞。
老鼠叫，吱吱吱。
青蛙叫，呱呱呱。

鸟儿怎么叫

喜鹊怎么叫？喳喳喳。
大雁怎么叫？嘎嘎嘎。
斑鸠怎么叫？咕咕咕。
布谷怎么叫？布谷、布谷。

生活中的声音

雨打着小伞，滴答滴答。
风吹着树叶，哗啦哗啦。
小朋友上学，哈哈哈哈。
脚踩着水花，啪嗒啪嗒。
读书的声音，哇啦哇啦。
哪管它雨大，哗哗哗哗。
锣鼓的声音，咚吧咚吧。
长笛的声音，呜啊呜啊。
火车的声音，轰隆轰隆。
轮船的声音，呜呜呜呜。
汽车的声音，嘀嘀叭叭。
自行车的铃声，叮铃叮铃。

完美准爸爸训练营

准爸爸在读这些象声词儿歌的时候，要尽量读得形象一些，带着音调和感情，这样才能吸引胎宝宝来听呀！

第 131 天
伴着《摇篮曲》入梦

良好的睡眠对于孕妈妈来说非常重要，临睡前听一些节奏舒缓的音乐可以帮助孕妈妈安然入睡。勃拉姆斯的《摇篮曲》有很好的安神、催眠作用，既能促进胎宝宝的发育，又可抚慰情绪，让胎宝宝也甜甜入梦。

关于《摇篮曲》的传说

相传这是勃拉姆斯为祝贺法贝尔夫人次子的出生，作了这首平易可亲、感情真挚的摇篮曲送给她。法贝尔夫人是维也纳著名的歌唱家，1859 年勃拉姆斯在汉堡时，曾听过她演唱的一首鲍曼的圆舞曲，当时勃拉姆斯深深地被她优美的歌声所打动，后来就利用那首圆舞曲的曲调，加以切分音的变化，作为这首《摇篮曲》的伴奏。舒缓的节奏仿佛是母亲在轻拍着宝宝入睡。

舒缓的节拍，就像妈妈在轻轻晃动摇篮，一切都那么温馨、美好。

孕妈妈这样听

这首乐曲旋律清晰、舒缓，晚上的读书时光，你可以跟着它的旋律，边轻拍自己的腹部，边轻轻和唱。原曲的歌词是："安睡吧，小宝贝，夜色已低垂，床头满插玫瑰，陪伴你入睡。快安睡小宝贝，一直睡到天明，快安睡小宝贝，一直睡到天明。"

和谐的韵律，饱含着温暖、安详、宁静的心绪，表现了母亲对孩子真挚的爱意，乐曲声部表达了摇篮的晃动感，让人不禁想象安静的夜晚，孩子在母亲的凝望中熟睡，那画一样的情景。

在接下来的几个月里，甚至宝宝出生、长大，这首曲子都可以一直陪伴着他，让他时刻能感受到妈妈的爱。

完美准爸爸训练营

孕妈妈临睡前，准爸爸可以为她准备一盆热热的洗脚水，让孕妈妈一边听音乐一边泡脚，这样更有利于孕妈妈放松身心，让胎宝宝做一个甜甜的梦。

第132~133天 做一个爱心睡袋

孕妈妈在空闲的时候，可以开始为宝宝准备一些用品了，除了购买外，孕妈妈还可以自己动手做一些简单的生活用品。通过手工制作，不仅可以锻炼孕妈妈的手眼脑的协调力，还可以使孕妈妈心情愉悦，同时这是给胎宝宝最直接的爱的表达。

今天，孕妈妈就来动手为宝宝做个爱心睡袋吧，可以从宝宝出生一直用到一两岁呢。睡袋可以防止宝宝睡觉蹬被而着凉，孕妈妈一定要注意睡袋的长度和宽度都要足够，否则会妨碍宝宝的肢体发育。

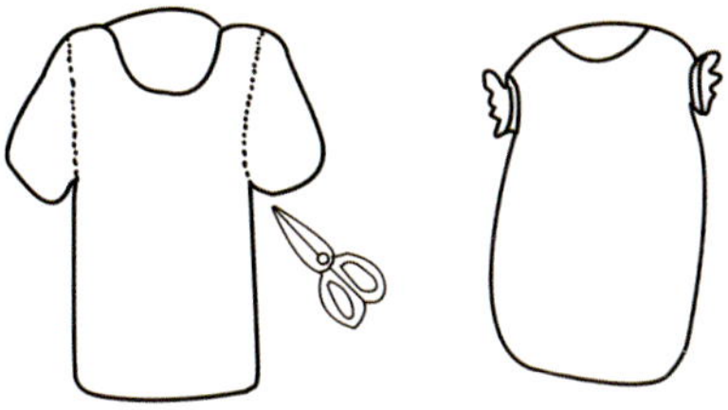

材料准备：

纯棉大背心，松紧带，剪刀，针，线，按扣。

制作步骤：

1. 准备一个纯棉的大背心，可以购买全新的，也可以用自己的旧衣服来改造。注意要选宽松的背心，但领子不要太大。

2. 准备一根扁的松紧带，要窄的，不要太硬。

3. 把大背心的袖子拆掉，袖子边折上比松紧带略宽的边，并缝好，留一个口穿入松紧带。

4. 按宝宝手腕粗细穿入松紧带，要稍稍宽一点，因为衣服皱起来会使袖口变小。

5. 大背心一侧剪开，并装上按扣。

6. 背心底边根据个人需要缝上或者装上拉锁或按扣，也可以不装，如果宝宝长高了，可以从下面再接一圈就可以了。

完美准爸爸训练营

孕妈妈在做睡袋时，准爸爸可以为孕妈妈放一些优美的音乐，让孕妈妈在温馨的环境中进行创作。准爸爸也可以给孕妈妈准备一杯温开水，让孕妈妈在劳动的间隙滋润一下身心。

第 134 天

妈妈，《要下雨了》

这是孕妈妈小学课本中的一个故事，今天读给胎宝宝听吧。可以让胎宝宝了解一下，雨来之前小动物都有什么反应？

在讲完这个故事后，孕妈妈也可以和胎宝宝聊聊天，告诉他人们在下雨的时候做些什么，妈妈有什么样的雨伞，什么颜色的雨衣，或是什么样的雨让你开心，什么时候盼着天晴。

小白兔弯着腰在山坡上割草。天气很闷，小白兔直起身子，伸伸腰。

一只小燕子从他头上飞过。小白兔大声喊："燕子，燕子，你为什么飞得这么低啊？"

燕子边飞边说："要下雨了。空气很潮湿，虫子的翅膀沾了小水珠，飞不高。我正忙着捉虫子呢！"

是要下雨了吗？小白兔往前一看，那边池子里的小鱼都游到水面上来了。

小白兔跑过去问："小鱼，小鱼，今天怎么有空出来啊？"

小鱼说："要下雨了。水里闷得很，我们游到水面上透透气。小白兔，你快回家吧，小心淋着雨。"

小白兔连忙挎起篮子往家跑。他看见路边有一大群蚂蚁。小白兔把要下雨的消息告诉蚂蚁。一只大蚂蚁说："是要下雨了，我们正忙着往高处搬家呢！"

小白兔加快步子往家跑。他一边跑一边喊："妈妈，妈妈，要下雨了！"

要下雨了，水里闷得很，小鱼要游到水面上透透气。

完美准爸爸训练营

准爸爸每天都应该关注一下天气预报，看看明天是什么天气，以提醒孕妈妈该穿什么衣服，需不需要带雨伞。在下雨、下雪的天气里，孕妈妈如果外出，准爸爸要尽可能地陪同，以确保孕妈妈的安全。

第135天

用手指敲出的雨

有时由于天气闷热或者其他原因，孕妈妈可能会觉得内心烦躁、坐立不安。这时，孕妈妈可以用手指给胎宝宝模仿一下雷雨，既可以用声音给胎宝宝描述一下自然界的雨是什么样子，还可以活动一下僵硬的手指，放松心情，真是一举多得。

没有什么需要特别准备的，孕妈妈只需在桌前坐好，伸出你的双手，让我们一起开始吧。

下雨进行时

小雨滴：用两个指尖轻敲桌面，滴答滴答。

小雨下起来了：用所有的手指交错地轻敲桌面，沙沙，沙沙。

大雨如注：声音加大，略显急促些。

闪电来喽：用手在空中划一个大大的“Z”形，唰！

打雷：口中发出“轰轰”的声音，如果你确信你的小宝宝是个胆大的孩子，可以轻砸一下桌面。

小朋友快躲进屋子里：手指轻快地在桌面上跑起来，然后把手藏在背后。

完美准爸爸训练营

准爸爸也陪孕妈妈一起来做这个游戏吧，四只手一起做“人工降雨”，这雨可就下得更大、也更有趣了。

下雨的时候，准爸爸可以陪孕妈妈在屋里做游戏。

第 136 天

王冕学画的精神

孕妈妈在不断的成长和学习中，认识到了许多为人处世的道理，这些道理，我们也希望我们的宝宝能提前懂得，因为我们希望他们的人生能比我们的更美好、更顺利。

做什么事情都需要下一番工夫，《王冕学画》的故事就值得一读再读。

古时候有一个人叫王冕，因为家里穷，王冕只念了三年书，就去给人家放牛。他一边放牛，一边找些书来读。

一个夏天的傍晚，王冕在湖边放牛，天空忽然乌云密布，下起了一阵大雨，王冕赶紧找个地方躲雨。大雨过后，一片阳光照得满湖通红。湖里面有十来枝荷花，花瓣上还留着刚刚下过的雨水，清水滴滴，在荷叶上滚来滚去。王冕看得出神，心里想，要是能把它画下来，那多好啊！

他向学生要了几枝破笔，把树叶捣烂，挤出汁水当作绿色的颜料；把红色的石头研成粉末，和水调匀，当作红色的颜料，就坐在湖边上画起荷花来。

起初，王冕画的荷花荷叶，都像长了翅膀要飞似的，一点也不像。可他并不灰心，画一张不像，就再画一张。他一边画，一边对着荷花仔细地琢磨。这样画来画去，琢磨来琢磨去，他画的荷花简直跟湖里采来的一样，好看极了。

画荷花成功了，他接着学习画山水，画牛马，画人物，到后来，不论画什么东西，他都画得很好。

王冕在给人放牛的时候，还坚持读书、学画画，这种精神多么可贵。

完美准爸爸训练营

读完故事后，准爸爸可以将手轻轻地放在孕妈妈的肚子上，然后将故事所蕴涵的道理讲给胎宝宝听——亲爱的宝宝，如果你以后有了某方面的兴趣爱好，一定要用心去做，而且要坚持下去。

第137天

画一枝美丽的荷花

虽然不能像王冕一样，成为伟大的画家，但孕妈妈可以学习用简单的线条画一些简笔画。在你的用心勾勒中，你的宝宝正静静感受艺术之美呢。今天就为他画一枝美丽的荷花吧！

1 注意花瓣形状；

2 五片花瓣一朵花；

3 连在一起根茎线；

4 五根细线圆中间。

完美准爸爸训练营

荷花用毛笔来画会更有韵味，准爸爸可以提前准备好彩笔、白纸、毛笔和墨汁，然后和孕妈妈一起创作不同风格的荷花。

第 138 天
有趣的成语典故

成语是汉语言文化的精华，蕴藏着中华民族丰富的文化内涵。这些极富生命力的成语，就像语言中的活化石，为我们提供了宝贵而丰富的精神财富。今天孕妈妈就和胎宝宝一起来感受成语的魅力吧。

渐至佳境——顾恺之吃甘蔗的理论

顾恺之是晋朝最著名的画家。顾恺之爱吃甘蔗。他每次吃甘蔗，都是先从甘蔗尾吃起，慢慢才吃到甘蔗头。这正好和一般人的吃法相反。有人问他为什么这样吃，顾恺之回答说："这样吃才能渐至佳境呀！"这里的"渐至佳境"，是指"越来越有味道"。

现在常常用"倒吃甘蔗"来形容事物"渐渐进入美好的状况"，就是从顾恺之这件趣事而来的。

吃甘蔗还能吃出成语典故，实在有趣！

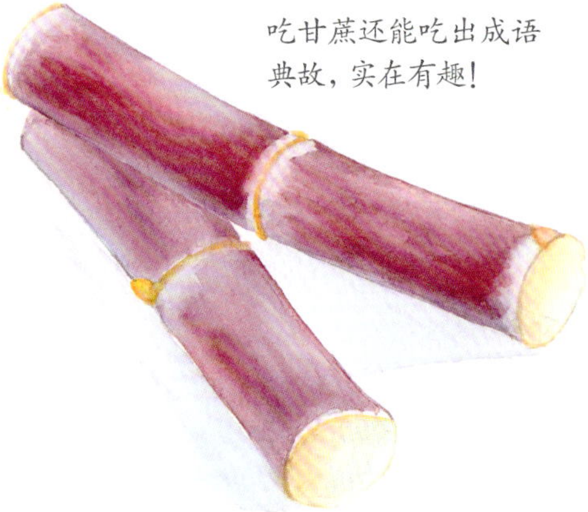

赤子之心

成语典故：赤子：初生的婴儿。比喻人心地纯洁善良。

成语出处：《孟子·离娄下》："大人者，不失其赤子之心者也。"

成语例句：尧、舜、禹、汤、周、孔，时刻以救民济世为心，所谓赤子之心，原不过是"不忍"二字。（清·曹雪芹《红楼梦》第一一八回）

笔下生花

成语典故：比喻文人才思俊逸，写作的诗文极佳。

成语出处：五代·王仁裕《开元天宝遗事下》："李太白少时梦所用之笔头上生花，后天才赡逸，名闻天下。"

成语例句：晚唐诗人杜牧才气过人，笔下生花，创作了许多诗文佳品，尤以《阿房宫赋》传诵千古。

完美准爸爸训练营

准爸爸可以在手机上下载一些成语游戏和孕妈妈一起玩，不仅可以体会中华成语文化的磅礴伟大，还能培养抽象思维能力。但要注意每次时间不宜过长。

第 139~140 天

欣赏《摩特枫丹的回忆》

在孕中期，孕妈妈可以和准爸爸一起进行一次短途旅行，去看一看不一样的景色，让生活充满新鲜感。虽然暂时不能进行长途旅行，但在家里欣赏一些优美的风景画，一样可以让我们感受大自然的美好。

画面中，一位身着红裙的女子正仰首摘取小树上的野果，树下有两个孩子，女孩低头采撷草地上的野花，男孩手指树上的果子。

这情景，是不是很像孕妈妈想象中的未来生活？你带着可爱的宝宝，在美丽的大自然中采野花、摘果子，享受天伦之乐。

完美准爸爸训练营

准爸爸可以陪孕妈妈一起去看画展，艺术会使孕妈妈感受到生命的热烈；也可以拿起相机与孕妈妈一起记录生活，参与到孕妈妈胎教中的每一步来。

孕6月
爸爸妈妈说的，宝贝好像听得懂哟

6个月大的胎宝宝，身长约30厘米，体重700克。小家伙的眉毛、睫毛、眼皮逐渐变得清晰，耳朵、鼻子、嘴和脸已经有了很明显的轮廓。他的皮肤还是很薄，有许多褶皱。他的大脑发育有了惊人的表现，逐步变得有意识、有感觉，会积极响应你。结实的小手和小脚经常踢打妈妈的腹壁，真是个淘气的小家伙。

亲爱的宝宝，你的大脑皮质已经发育得足够完全，你接收的信息也足够多了。以后爸爸妈妈还会讲有趣的故事给你听，也会读更深情的诗句。我们不是要求你能记住，而是希望你感受到快乐和幸福。你要开心地长大，快乐地生活哦。

第141天 多懂一些小秘诀

随着胎宝宝的生长，孕妈妈的身体会日趋笨重。因此，注意自己的生活、饮食和起居，注意预防贫血、妊娠糖尿病、便秘、腰背肌肉劳损以及感冒和意外伤害，对孕妈妈来说非常重要。

孕6月健康生活宜忌

宜

胎宝宝和孕妈妈都需要铁质来满足造血功能，预防妊娠期贫血。孕妈妈要注意多吃含铁丰富的食物，如木耳、瘦肉、蛋黄、绿叶蔬菜。

孕妈妈在孕期容易出现便秘现象，因此要多吃膳食纤维丰富的糙米和果蔬，每顿饭应至少含有2种以上的蔬菜。

此时，孕妈妈最好选择左侧卧位睡觉，以供给胎宝宝较多的血液，这样胎宝宝在孕妈妈肚子里就会更舒服，同时也能让孕妈妈睡得更舒服。

忌

吃含铁食物的同时不要喝牛奶。牛奶中的钙质会使铁质凝固，所以如果你刚吃了含铁食物，就暂时不要喝牛奶。

孕期水肿是常见的症状，整个孕期都不要吃过咸的食物，尤其是咸菜等腌制食品，以防止水肿加重。

从本月开始，因为腹部变大，孕妈妈要特别注意自己的动作。避免对腰腹施加压力的大动作，避免身体的震动，你需要练习并且保持孕期正确的取物、捡拾动作。

多吃膳食纤维丰富的果蔬，可帮助孕妈妈减轻便秘症状。

完美准爸爸训练营

随着月份的增大，准爸爸要定期陪孕妈妈去医院产检。去产检之前，准爸爸最好也学习一些有关孕期贫血、妊娠糖尿病、血压、胎心、胎动等知识，以便帮孕妈妈看懂产检报告，随时排忧解难。

第 142 天 准爸爸给胎宝宝做“按摩”

孕6月，胎宝宝的胎动越来越明显了，准爸爸温暖、宽厚的大手能让胎宝宝感觉到，爸爸离他很近很近，准爸爸与孩子之间的感情自然更深了。不如固定一个时间，边为他讲故事、讲百科，边给他做做“按摩”。

准爸爸温暖、宽厚的大手让胎宝宝感到安心、舒适。

准爸爸用双手捧着胎宝宝，从上到下，从左至右，反复按摩孕妈妈的腹部，一定注意，不要太用力啊，否则胎宝宝会感觉不舒服。按摩5分钟休息一下，再用一个手指反复轻压胎宝宝，慢慢感受，你的宝宝有反应吗？用心去体会，他是你的孩子，你的大手就要牵着一个小手，或者他将跟在你的身后，与你共享一场足球比赛，一种做爸爸的责任感是不是油然而生？那种饱满的喜悦感和幸福感，让准爸爸也显得很温柔呢。这时候，你观察孕妈妈，她也许正在感激地望着你，她很感动。

完美准爸爸训练营

准爸爸在按摩孕妈妈的腹部之前，应该先把手洗干净，然后稍微搓一搓，以免手掌太凉。手掌粗糙的准爸爸，最好再涂些安全无刺激的润滑油或护手霜。

第 143 天
充满智慧的《田忌赛马》

亲爱的宝宝，智慧是我们面对困难时解决问题的法宝，希望你将来成为一个有智慧的人。今天我们就来看看《田忌赛马》这个故事中蕴涵了怎样的智慧吧。

战国时期，在魏国做官的孙膑，受到同僚庞涓的迫害，被齐国使臣救出后，到达齐国国都。齐国使臣将他引见给齐国的大将军田忌，田忌向孙膑请教兵法，孙膑讲了三天三夜，田忌特别佩服，将孙膑待为贵宾。

赛马是当时最受齐国贵族欢迎的娱乐项目。上至国王，下到大臣，常常以赛马取乐，并以重金赌输赢。田忌多次与齐王及其他大臣赌输赢，屡赌屡输。孙膑安慰他说："下次有机会带我到马场看看，也许我能帮你。"当又一次赛马时，孙膑随田忌来到赛马场，孙膑了解到，大家的马按奔跑的速度分为上中下三等，等次不同装饰不同，各家的马依等次比赛，比赛为三赛两胜制。孙膑仔细观察后发现，田忌的马和其他人的马相差并不远，只是策略运用不当，以致失败。孙膑告诉田忌："大将军，请放心，我有办法让你获胜。"田忌听后非常高兴，随即以千金作赌注约请齐王与他赛马。

比赛前田忌按照孙膑的主意，用上等马鞍将下等马装饰起来，冒充上等马，与齐王的上等马比赛。比赛开始，齐王的好马飞快地冲在前面，而田忌的马远远落在后面，齐王得意地开怀大笑。第二场比赛，田忌用自己的上等马与齐王的中等马比赛，在一片喝彩声中，只见田忌的马竟然冲到齐王的马前面，赢了第二场。第三场，田忌的中等马和齐王的下等马比赛，田忌的马又一次冲到齐王的马前面。

齐王目瞪口呆，他不知道田忌从哪里得到了这么好的赛马。这时田忌告诉齐王，他的胜利并不是因为找到了更好的马，而是用了计策。随后，他将孙膑的计策讲了出来，齐王恍然大悟，立刻把孙膑召入王宫，并任命孙膑为齐国的军师。

完美准爸爸训练营

准爸爸可以把这个故事的道理讲给胎宝宝：运用智慧，把不足变成优势，积极面对各种困难。

第 144 天 快乐的手影游戏

在阳光或者灯光下，我们的双手可以变得充满魔力，用它们可以变出栩栩如生的小动物。孕妈妈现在就可以试一试，这会使你的宝宝深深着迷，还能锻炼联想和想象力。

小狗

小狗小狗真听话，
天天守门不休假。
见了生人叫汪汪，
见了亲人摇尾巴。
骨头剩饭全吃光，
爸爸妈妈都夸它。

小猫

小花猫，真淘气，
跑到东来跑到西。
肚子饿了喵喵叫，
爱吃老鼠爱吃鱼。

完美准爸爸训练营

准爸爸可以和孕妈妈一起来做手影游戏，成双成对的小狗、小猫，会让胎宝宝觉得既可爱又温馨。做游戏的同时，准爸爸别忘了把儿歌也念给胎宝宝听哦。

第 145 天
孕妈妈读故事《小花猫和小白兔》

半路上的风景总让人忍不住驻足，流连忘返。当小白兔遇到可爱的蜻蜓时，他也很想去玩儿，可是他想着自己要去做的事，就没有像小花猫那样为此驻足停留。亲爱的宝宝，妈妈希望你既懂得欣赏路边美好的风景，又明白心中有路，志在前方。

小花猫和小白兔是邻居，他们还是一对好朋友呢。今天他们俩可高兴了，因为他们的妈妈让他们去买东西。小花猫拿着妈妈给的钱，兴高采烈地向家的东边走去，他要去买小鱼。小白兔拿着妈妈给的钱，一蹦一蹦地向家的西边走去，他要去买大萝卜。

小花猫走着走着，花蝴蝶飞来了，多漂亮的蝴蝶啊！小花猫看了真喜欢，忍不住就伸手去抓蝴蝶，"花蝴蝶你不要走，我来跟你玩，等等我！"小花猫追着花蝴蝶跑远了，早把妈妈叫他买鱼的事忘得一干二净了，而且还把买鱼的钱掉到了路边的草丛里。

小花猫追着花蝴蝶越跑越远，等他跑累了停下来时，才发现手里的钱不见了，再回头一看："糟糕，这是什么地方啊？"小花猫这下可着急了，买鱼的钱丢了，还迷了路，这可怎么办？"呜呜呜——"小花猫急得哭了起来。黑狗警察听到哭声，连忙过来询问原因。小花猫哭着把事情的经过告诉了他，黑狗警察听了连忙安慰小花猫："小花猫别着急，我来送你回家，以后可不能贪玩了。"小花猫点点头，跟着黑狗警察回家去了。

到家门口时，刚好碰到小白兔，两手空空的小花猫很惭愧。他为什么惭愧呢？

哦，因为小白兔在半路时看到蜻蜓了，他也很喜欢，但他没去追，而是去买萝卜了，所以小花猫看看拿着大萝卜的小白兔，难为情地低下了头。

贪玩的小花猫忘记了去买鱼。

完美准爸爸训练营

准爸爸以前对家里和老婆没有特别地关心，把时间都放在了工作上，现在，慢慢改变吧，成为家里的大家长。

第146~147天
简笔画《小白兔》

“小白兔，白又白，两只耳朵竖起来，爱吃萝卜和青菜，蹦蹦跳跳真可爱。”多么熟悉的儿歌呀，小兔子那可爱的模样不仅孕妈妈喜欢，胎宝宝也很喜欢呢，今天就为他画一只小白兔吧。

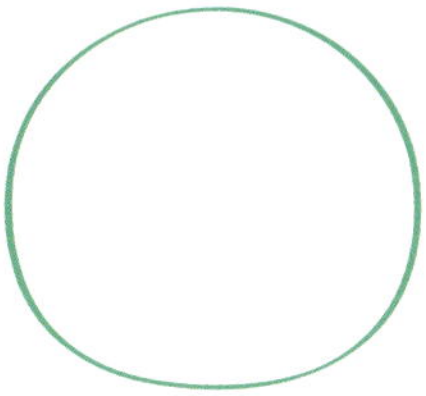

1 小小脑袋圆又白，

2 画上眼睛真有神，

3 两只耳朵竖起来，

4 加上胡须真可爱。

完美准爸爸训练营

随着月份的增加，孕妈妈的肚子越来越大了，腰酸背痛的情况就会更易发生。准爸爸可以为孕妈妈买一个可爱的小兔子靠垫，让她放在办公室的椅背前，这样她就能舒服一些。

第148天

“陋室”不陋，有爱即家

我们的房子可以不大，就算简陋也不可怕，“爱”才是家最重要的真谛。爸爸妈妈和宝宝，快快乐乐在一起，就是温暖舒适的家。

唐代文学家刘禹锡的《陋室铭》，通过短短81个字表达了他对“家”的独特理解，也表现了作者高洁的情操，以及洁身自好、不慕名利的生活态度。这篇短文内容易懂，读起来也朗朗上口，孕妈妈可以轻轻吟诵，虽然胎宝宝还不能完全听懂，但他也会感受到古文所特有的节奏，这对大脑的潜能开发有着积极的促进作用。

《陋室铭》原文：

山不在高，有仙则名。水不在深，有龙则灵。斯是陋室，惟吾德馨。苔痕上阶绿，草色入帘青。谈笑有鸿儒，往来无白丁。可以调素琴，阅金经。无丝竹之乱耳，无案牍之劳形。南阳诸葛庐，西蜀子云亭。孔子云：何陋之有？

完美准爸爸训练营

你们的小家可能不够宽敞豪华，但却可以温馨漂亮。准爸爸经常打扫打扫卫生，让家里保持清洁；偶尔买一些小饰品装扮一下你们的小窝，孕妈妈和胎宝宝就会很快乐。

译文：

山不在于高，有了仙人就成了名山；水不在于深，有了龙就成了灵异的水。这是简陋的屋子，只是我住屋人的品德高尚，就不觉得简陋了。苔痕碧绿，长到阶上，草色青葱，映入帘里。在这里（与我）谈笑的都是博学的人，（跟我）往来的没有不懂文化的人。在这里可以弹奏素朴的古琴，阅读珍贵的佛经。没有嘈杂的演奏声使我的两耳被扰乱，没有官府的公文使我身心劳累。南阳有诸葛亮的草庐，西蜀有扬子云的亭子。孔子说过：“有什么简陋的呢？”

虽然没有豪华宽敞的大房子，温暖有爱就是幸福的家。

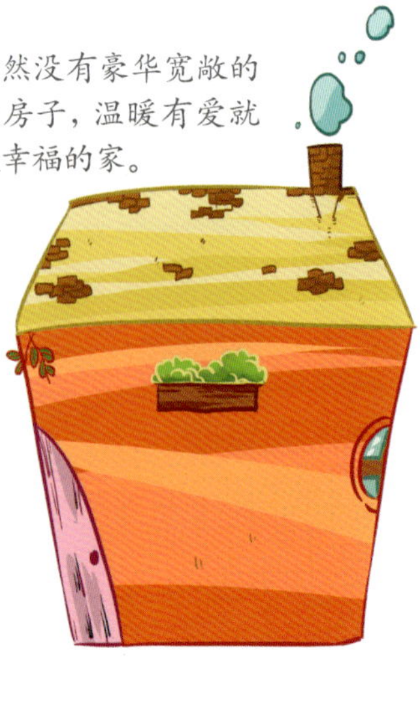

第 149 天
认认古琴和古筝

《陋室铭》中提到的“素琴”，孕妈妈知道是什么乐器吗？“素琴”指的是古琴，它的样子有点像古筝。那么古琴和古筝究竟有什么区别呢？今天我们就来认一认这两种乐器。

古琴原名“琴”，亦称“瑶琴”“玉琴”“七弦琴”，为了和其他乐器的统称区别，改称为“古琴”，是我国历史最悠久的弹拨类乐器，有实据可考至少形成于3000多年前。古筝又名“秦筝”，在战国的时候开始流行。

从形制上看，古琴琴身以琴面与底板相合而成，琴面系有7根弦，故古称“七弦琴”。琴弦由丝绒绳系住，拴绕于雁足（弦轴）上，属弹拨乐类的“无马乐器”；琴体总长度为3尺6寸5分（约122cm），以象征一年有365天；琴面呈拱弧形，代表天，琴底平，则代表地。古筝则由框板、面板和底板构成。琴弦均匀排列于筝面上，每根弦均由人字形的弦马支起，属于弹拨乐类的“有马乐器”。现代古筝的统一规格为：1.63米，21弦。

古琴音色含蓄而深沉，古朴而典雅，表现力富有内涵，异常丰富，故古时被文人雅士列为“琴、棋、书、画”之首。而古筝音域宽广，音量宏大，音色淳厚优美，悠扬悦耳，表现力丰富而形象。

古琴的代表曲目多为古曲，有《高山》《流水》《阳春》《白雪》《梅花三弄》《平沙落雁》《广陵散》《潇湘水云》《渔樵问答》《凤求凰》《阳关三叠》《酒狂》《关山月》等。而古筝的代表曲目有《春江花月夜》《渔舟唱晚》《满江红》《步步高》《瑶族舞曲》《百花引》等。

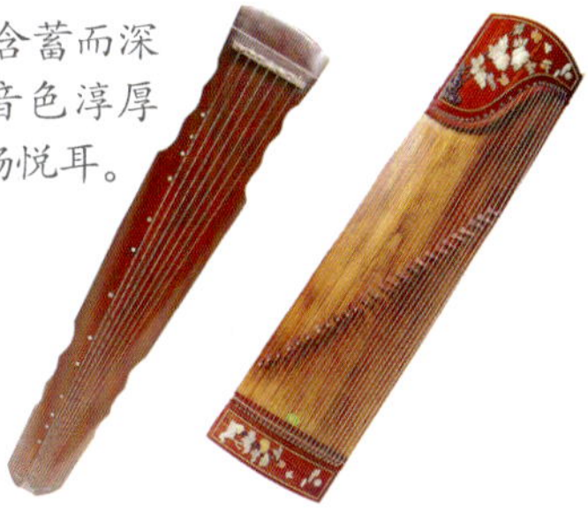

古琴音色含蓄而深沉，古筝音色淳厚优美，悠扬悦耳。

完美准爸爸训练营

为了帮助孕妈妈更好地区分古琴曲和古筝曲的不同，准爸爸可以根据书上介绍的曲目找一些相关的音乐或视频，让孕妈妈听一听、看一看。

第 150 天
和《十个印第安小孩》做游戏

Ten Little Indian Boys（十个印第安小孩）是一首非常经典的英文儿歌，它的内容轻松有趣，可以一边诵读，一边做游戏。这样既能让胎宝宝认识英文的数字 1~10 分别怎么说，又可以锻炼孕妈妈的思维能力。

在以后的日子里，孕妈妈空闲的时候都可以读一读，胎宝宝不怕重复呢。

Ten Little Indian Boys

One little, two little, three little Indians,
Four little, five little, six little Indians,
Seven little, eight little, nine little Indians,
Ten little Indian boys.
Ten little, nine little, eight little Indians,
seven little, six little, five little Indians,
four little, three little, two little Indians,
one little Indian boy.
One little, two little, three little fingers,
four little, five little, six little fingers,
seven little, eight little, nine little fingers,
ten fingers on your hands .
Ten little, nine little, eight little fingers,
seven little, six little, five little fingers,
four little, three little, two little fingers,
one finger on your hand.

小朋友们手牵手，一起快乐做游戏。

完美准爸爸训练营

根据儿歌的内容，准爸爸可以编一套有趣的手指操配合孕妈妈。不需要多么专业、完美，一家三口在一起快乐游戏的幸福感觉才是最重要的。

第151天
翻绳翻出降落伞

孕妈妈还记得小时候玩的翻绳游戏吗？一根红绳，简单的道具，却给我们的童年带来了无穷的乐趣。

翻绳游戏不仅乐趣无穷，还有很好的智力开发功能——它能锻炼手指的灵活性和协调性，培养耐心和细心的品质，还能提高观察力，丰富想象力。现在，就让我们和胎宝宝一起再重温那种质朴的快乐吧！

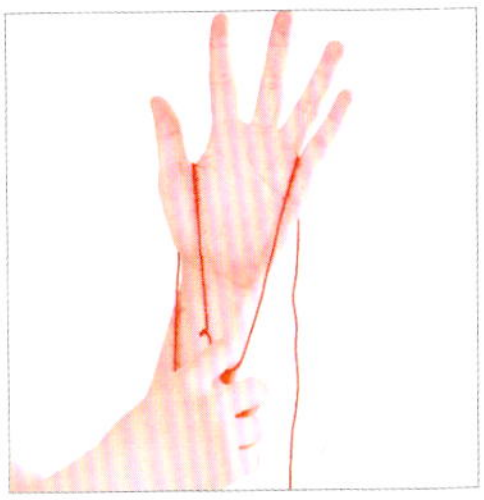

1 绳子如图套在手上，右手向下拉左手心的绳子。

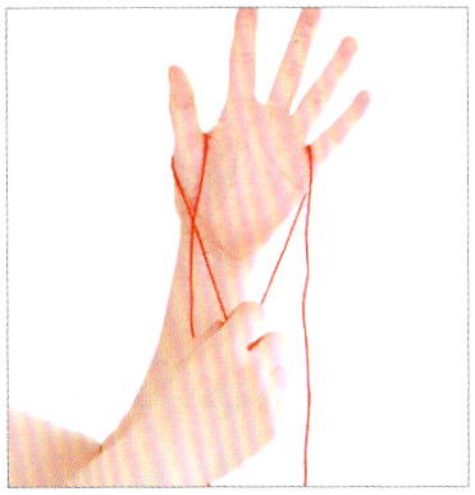

2 右手再向下拉左手心的绳子。

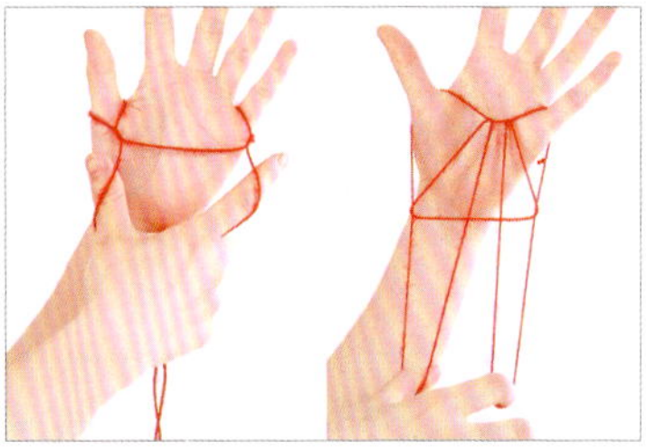

3 右手用拇指、食指由外向内套入左手拇指、小指形成的小圈内，向下拉。

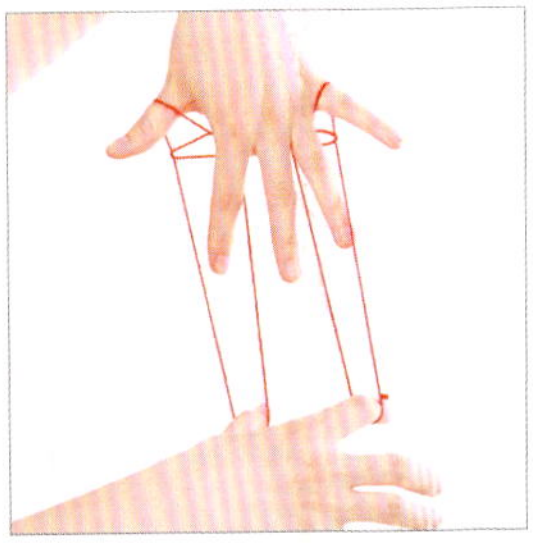

4 左手其他三指向下，伸入右手挑起的三个孔中。

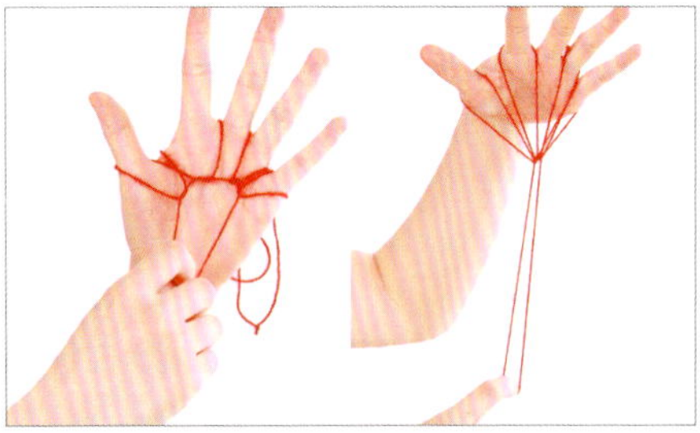

5 右手挑起左手心的绳子，向下拉即成。

完美准爸爸训练营

准爸爸可以提前找来柔软舒适的毛线给孕妈妈做道具。翻绳的花样有很多，准爸爸可以和孕妈妈一起相互配合着做游戏。

第 152 天 有趣的遗传学

孕妈妈在这个阶段，是不是对胎宝宝的样子很好奇？我们不妨来畅想一下宝宝会长得像谁，看看遗传学怎么说。

绝对遗传

肤色：它的原则是“中和”。比如，父母的皮肤较黑，宝宝也不会很白；如果一方白，一方黑，那么宝宝的肤色会是一个不太黑不太白的“中性”肤色。

下巴：不容商量的显性遗传。比如，父母中任何一方有突出的大下巴，宝宝长大后毫无例外地长着酷似的大下巴，像得让你无可奈何。

眼皮：眼形是遗传的，而且大眼睛相对小眼睛是显性遗传。如果父母一方是小眼睛，而另一方是大眼睛，生下大眼睛宝宝的可能性比较大。刚生下来是单眼皮的话，不用过分担心，说不定会变呢！

眼球的颜色：黑色等深颜色相对浅颜色是显性遗传。如果父母一方是蓝眼睛，而另一方是黑眼睛，那么他们的宝宝通常会是黑眼睛。

睫毛：父母有一方有长睫毛，宝宝肯定也有。

半数遗传

身高：决定身高的因素 35% 来自父亲，35% 来自母亲。假如父母双方个头不高，那么他们子女的身高也不会太高。

宝宝的身高跟后天的营养和锻炼也有很大的关系，个子不高的父母不要过分担心。

身材：父母肥胖，他们的子女有 53% 的机会成为大胖子，如果只是一方肥胖，这个概率会降低一些。也就是说，胖与不胖，大约有一半是人为因素决定的。

秃头：造物主似乎偏袒女性，让秃头只传给男子。比如，父亲是秃头，遗传给儿子的概率则有 50%，就连母亲的父亲，如果是秃头的话，也会将 25% 的概率留给外孙们。

青春痘：这个让少男少女耿耿于怀的容颜症，居然也与遗传有关。如果父母双方均患过青春痘，子女们的患病率将比无家族病史者高出 20 倍。

完美准爸爸训练营

在孕 22~28 周，准爸爸可以陪孕妈妈一起去医院做个四维彩超检查。做四维彩超既能了解胎宝宝的发育情况，进行排畸检查，还可以对胎宝宝的容貌先睹为快呢。

第 153~154 天
给胎宝宝画张像

了解了有关遗传的知识，孕妈妈对宝宝将来的长相更加好奇和期待了，今天不妨就给胎宝宝画张像吧。根据遗传的规律和你内心的希望，画出宝宝的眼睛、鼻子、嘴巴，看看宝宝是更像爸爸，还是更像妈妈呢？

完美准爸爸训练营

准爸爸可以买一些漂亮宝宝的图片给孕妈妈空闲的时候看看，让孕妈妈在愉悦的心情中想象你们的宝宝将来也会很漂亮，据说这是有一定作用的哦。

第155天
高山《流水》话知音

人常说，千金易得，知音难觅。孕妈妈有事都会向谁倾诉呢？现在，胎宝宝在你的肚子里，感受着你的一举一动、所思所想，他是不是很像你的小小知音呢。

古琴曲《高山》《流水》就来源于“伯牙鼓琴遇知音”的故事。今天，选取《流水》一曲供孕妈妈欣赏。

孕妈妈这样听

古琴曲《流水》取材于“伯牙鼓琴遇知音”的故事，运用了古琴的“泛音、滚、拂、绰、注、上、下”等指法，描绘了流水的各种动态，呈现出山水相映、水天一色的景象，抒发了志在流水，智者乐水之意。全曲由静而动，由缓而疾，由婉转到跌宕，由点滴到浩荡，在力度和节奏的澎湃中，大自然的情景与人类的情感达到了高度的交融。在这泉水的交响之中，仿佛能够听到岁月的流逝、历史的变迁、生命的繁衍成长。孕妈妈在欣赏这段音乐的时候，想象自己置身于山水之间，使全身得到彻底的放松。

感受胎教音乐之美：伯牙与钟子期的故事

传说先秦的琴师伯牙一次在荒山野地弹琴，有一个砍柴的樵夫经过，听懂了曲子的意境，并描绘“峨峨兮若泰山”和“洋洋兮若江河”。伯牙因得知音而大喜，道：“相识满天下，知音能几人！”他们约好两年后见面，可是两年后钟子期却没有露面。伯牙多方打听才知道，原来钟子期已经因病离世了。伯牙悲痛欲绝，他知道子期是唯一能够听懂他音乐的人，如今子期已故，再不会有人听懂他的音乐了，于是在子期的墓前摔碎了他心爱的琴，故有高山流水之曲。

完美准爸爸训练营

准爸爸能称得上是孕妈妈的知音吗？怀孕并不是孕妈妈一个人的事情，准爸爸要时时用语言和行动让孕妈妈知道，有什么问题你都会和她一起面对，共同解决。

第156天 行云流水赏书法

书法是一门学问，一门艺术。它的美感来源于大自然，来源于生活，与其他事物有着密切的联系。喜爱书法，对文学、哲学、美学、天文、地理、历史等知识都将有所触及。

孕妈妈欣赏书法作品时，一定要自己先感知其中的美好，然后用眼睛将书法的影像拍下来，默默地在头脑中重现，这样胎宝宝才能感受到书法独特的美。

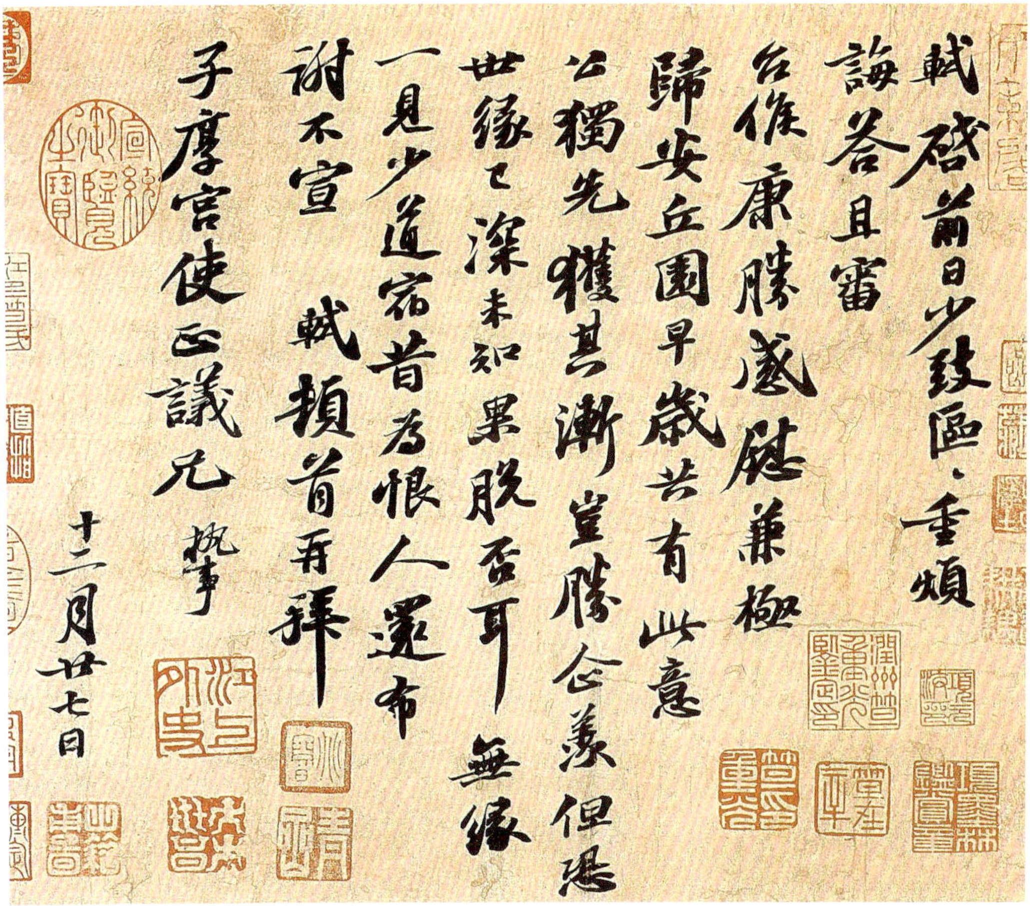

完美准爸爸训练营

准爸爸可以买来一幅价格合适的书法作品挂在家中的墙上，既装点了你们的小窝，又能让孕妈妈和胎宝宝感受艺术的魅力。

第 157 天

胎宝宝学百科：鸡蛋一头大一头小

在孕中期做 B 超时，你可以看到胎宝宝在踢腿、屈身、伸腰、滚动以及吸吮他的大拇指。胎宝宝的动作开始由脑部控制，骨骼变硬，手早于脚步发育，手是感觉器官，因此同其他感觉一同发育。他已构成对外界的心理认知，控制动作能力，抓握反应。

这么聪明的宝宝，孕妈妈教他一些百科知识吧。比如，我们常吃的鸡蛋为什么都是一头大一头小？

小鸡呼吸的“气室”

以后在吃煮鸡蛋的时候你可以留意一下，大头一面是空的，这原本是一个充满空气的小空间，叫作“气室”，小鸡在孵出来的时候，这个气室有着非常了不起的作用。

一枚受精的鸡蛋经过大约 3 周的孵育，小鸡就要破壳而出了，当小鸡快出来时，它的头就在鸡蛋大头的一面，它用嘴穿入气室，开始直接呼吸气室内的空气。

完美准爸爸训练营

鸡蛋对于孕妈妈来说可是很好的营养食品呢，煮鸡蛋最完整地保留了鸡蛋的营养，但是经常吃煮鸡蛋孕妈妈会觉得有点单调，准爸爸今天不妨给孕妈妈做一道鸡蛋羹吧，滑滑嫩嫩的口感很不错呢。

小的一头让小鸡站立

蛋的形状还与小鸡在蛋中的状态有着密切的关系，当小鸡从蛋里出来，是靠自己的嘴啄破蛋壳并用力挣扎出来。啄蛋壳的时候，小鸡不但头和脖子都要用力，脚也需要有支持的地方。鸡蛋小头的壳，正好是小鸡两脚的支撑点。这有点像我们坐在椅子上，如果想要站起，必须站在地板上才能站起来，地板就是我们身体的支撑点。如果蛋壳是圆的，或者是长长的，小鸡就不容易撑起身体将蛋壳啄破，所以过圆和过长的蛋，就很难孵出小鸡来。

便于“生产”

还有一个有趣的说法，鸡蛋一头大一头小，是为了母鸡生蛋时更容易，如果太圆的话，母鸡妈妈生起来可就困难啦！

第158天
有趣的蛋形拼板

吃完了美味的食物，孕妈妈来动动手、动动脑吧，这样胎宝宝才能更聪明。

今天我们来做蛋形拼板，孕妈妈可找一块稍硬些的纸板，依图裁成9块，就可以拼成各种各样的图案。

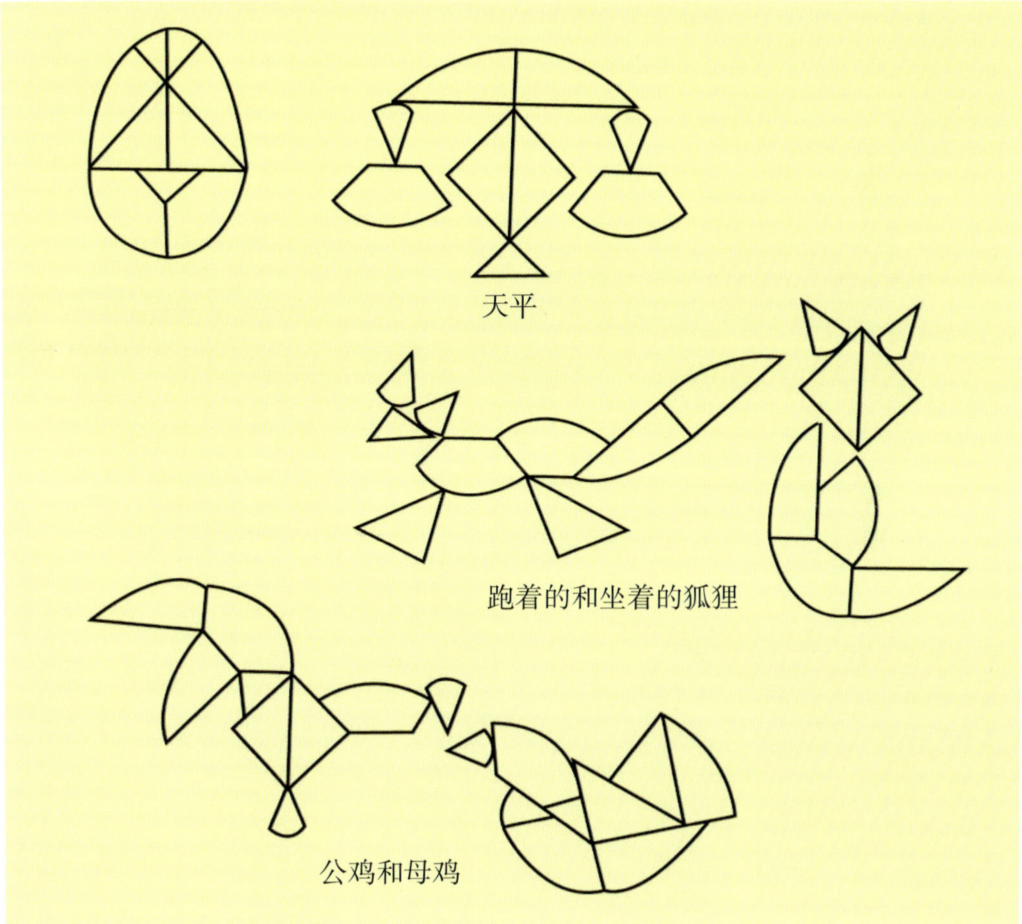

完美准爸爸训练营

准爸爸可以找来两张硬纸板，裁成两个蛋形拼板，和孕妈妈一起动手来拼，你们的思维不一样，创意也就会不一样。

第159天

《钉子》的启示

亲爱的宝宝，未来的人生不是每一天都像现在这样，有爸爸的陪伴、妈妈的呵护。妈妈想让你通过下面这个故事明白，及时处理小问题，防止事情由小积大，是顺利行走前最基础的准备。

一个商人在集市上生意红火，他卖完了所有的货，钱袋装得满满的。他想天黑前赶到家，便把钱箱捆在了马背上，骑着马儿出发了。

中午时分，他到了一个镇上休息了一会儿。当他想继续赶路时，马童牵出马来对他说：“老爷，马后腿的蹄铁上需要加颗钉子。”“由它去吧。”商人回答说，“这块蹄铁肯定能撑到走完这六里路，我要急着赶路呢！”

下午时候，他又一次叫人喂马，马童走进房间对他说：“老爷，马后腿上的一块蹄铁掉了，要不要我把它带到铁匠那儿去呢？”“由它去吧！”商人回答说，“这马一定能坚持走完这剩下的几里路，我时间紧着呢！”

他骑着马儿继续往前走，但不久以后马就开始一步一瘸的了，再过会儿就开始踉踉跄跄，最后它终于跌倒在地，折断了腿。那生意人只好扔下他的马，解下钱箱扛在背上，步行回家。等赶回家时已是午夜时分，只听他嘀咕着：“都是那颗钉子把我给害惨了。”

——选自《格林童话》

完美准爸爸训练营

孕妈妈在怀孕期间也会遇到一些小问题，比如腰酸背痛、脚肿腿肿，准爸爸千万不要觉得这些都是怀孕的正常现象，不值得大惊小怪，就忽视了孕妈妈的需求。这些都会影响到孕妈妈的健康和心情，准爸爸一定要帮助孕妈妈及时解决。

不要忽视小问题，小问题也会引起大后果。

第160~161天

认认安全标志

怀孕期间，孕妈妈的安全非常重要。在生活中，当我们遇到一些突发状况时，掌握一定的安全常识对我们来说很有必要。今天，我们就来认一认一些生活中常见的安全标志，将来宝宝出生后，更要教他认呢。

消防设备

非饮用水

小心触电

当心车辆

禁止行人通过

红绿灯

禁止踩踏

小心路滑

注意安全

安全通道

紧急出口

禁止烟火

安全楼梯

请走斑马线

禁止触摸

小心楼梯

完美准爸爸训练营

孕妈妈在怀孕期间的安全工作，准爸爸一定要做到位：下雨、下雪天要扶着孕妈妈，孕妈妈弯腰捡东西或者抬脚拿高处的东西都不太安全，准爸爸要及时帮忙。

第 162 天
微微一《笑》很快乐

孕妈妈怀孕期间也许会有一些小烦恼，笑就是治愈烦恼的最好良药。笑声可以减少精神压力、降低血压，并可以增强人体免疫力。同时，笑容具有奇妙的传递作用，孕妈妈笑一笑，会把好心情带给胎宝宝。

笑的
是她的眼睛，口唇，
和唇边浑圆的漩涡。
艳丽如同露珠，
朵朵的笑向
贝齿的闪光里躲。
那是笑，
神的笑，美的笑，
水的映影，风的轻歌。

笑的
是她惺忪的鬈发，
散乱地挨着她耳朵。
轻软如同花影，
痒痒的甜蜜，
涌进了你的心窝。
那是笑，
诗的笑，画的笑，
云的留痕，浪的柔波。

——林徽因

完美准爸爸训练营

准爸爸要经常逗孕妈妈开心，可以给她讲个小笑话，或者陪她看看小品、听听相声，送她一件小礼物也行。

第 163 天
漂亮的剪纸花束

又到了孕妈妈的动手时间，今天来做做剪纸吧，用它来装饰餐桌、床头等地方，效果都不错呢。

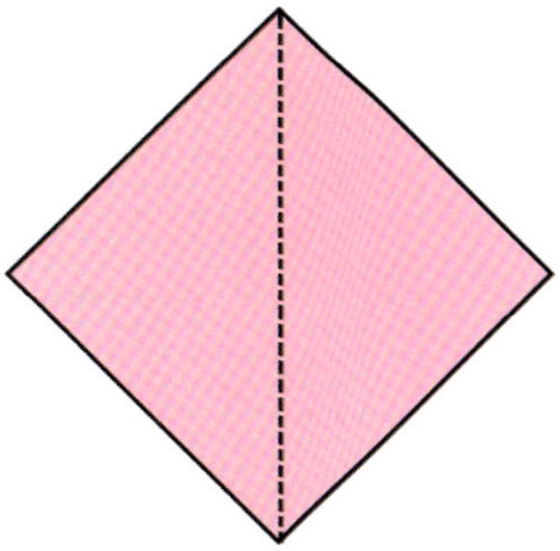

1 将正方形彩纸沿对角线对折。

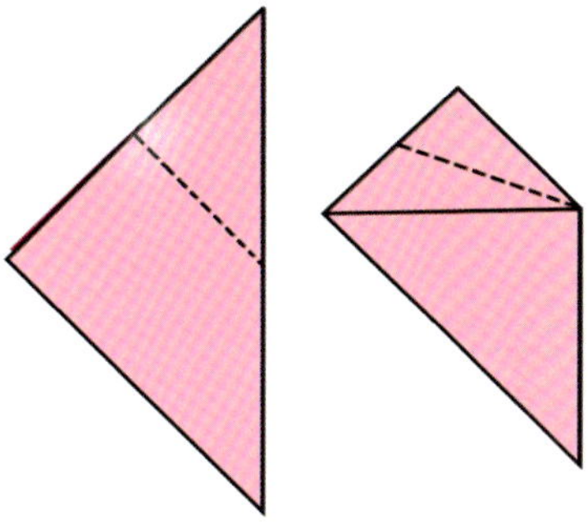

2 沿图示虚线分别对折两次。

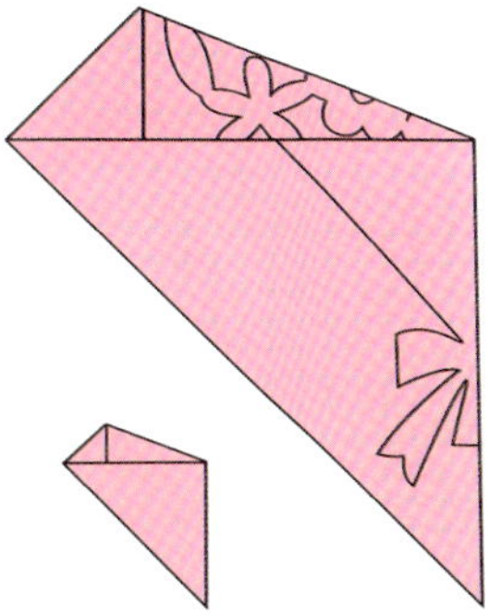

3 参照图示用铅笔画出花束的形状。

4 沿画出的线条裁剪好，展开即可。

完美准爸爸训练营

准爸爸可以和孕妈妈一起动手，多剪几个花束。然后由准爸爸来进行粘贴、装饰工作，让孕妈妈喝杯蔬果汁休息一会儿。

第 164 天
温润优雅的瓷器

瓷器向来是中国文化的典型标志，凝结了中国人对“美”与“灵”的理解，它是水火熔炼的结晶。读懂瓷器，透过它就能读懂中国人的文化情结。欣赏瓷器，透过它就能品析艺术品的光泽灵动。

孕妈妈可以买一本瓷器收藏的书，看着一件件精美绝伦的瓷器，再配合书中的文字说明，欣赏这样美的艺术，一定会给你带来别样的享受。

瓷器，晶莹剔透，冰清玉洁；似翡翠，似碧玉；是光与影在时空的糅合，是历史在现实的照耀。

入窑一色，出窑万彩，温润、优雅、含蓄，就像在弹奏一曲美妙的乐章。

完美准爸爸训练营

准爸爸可以带孕妈妈去家附近的瓷器店或者博物馆，亲自看一看漂亮的瓷器以及其他艺术品。注意选择人少的时间去，以防孕妈妈受到人群的碰撞。

245 页答案

第165天
《瓷器的美丽传说》

欣赏了美丽的瓷器，孕妈妈再给胎宝宝讲讲关于瓷器的神奇传说吧。

传说有一年，阳翟（今禹州市）一带大旱。只见烈日炎炎，禾苗枯黄。一天，观音菩萨驾祥云闲游到此，看到此情此景，善心大发，要施法降甘霖下场透雨，拯救阳翟黎民百姓。

观音菩萨想："东海水深，取之不尽，何不用它一用？但天高路远，用什么东西把水盛过来呢？"想到这儿，观音菩萨俯身往下一看，只见阳翟城东北角古钧台处烟雾弥漫，火光冲天，是一处窑场。

于是，观音菩萨来到一个窑户门口，向一位名叫彩虹的姑娘借了一个宝瓶。

观音菩萨拿着宝瓶来到东海上空，把宝瓶口朝下，嘴里念念有词，只见一股水直冲上来，钻进宝瓶口里。观音菩萨带着宝瓶又返回到阳翟上空，把宝瓶口朝下，宝瓶里每往外滴出一滴水，就化作倾盆大雨。地里的庄稼喝足了水，禾苗变得绿油油的。阳翟城的黎民百姓奔走相告，感谢观音菩萨降下甘露。

后来，彩虹按照原先送给观音菩萨的那个瓶样，又烧制了许多陶瓷瓶，并取名叫"观音瓶"。她又费了九十九天的工夫，精心塑成了一尊观音滴水的塑像，烧制成钧瓷。奇怪的是，这尊观音塑像刚出窑，手上的宝瓶就开始滴水。人们都说："观音菩萨又显灵啦！"有了滴水观音和她手上的那个观音瓶，阳翟一带从此风调雨顺，五谷丰登，人民安居乐业，过着富裕的生活。

完美准爸爸训练营

孕妈妈读故事时，准爸爸可以给胎宝宝做做按摩。胎宝宝如果在睡觉，准爸爸就给孕妈妈揉揉肩膀吧。

第166天
《小星星》的变奏曲

满天亮闪闪的繁星，你最喜欢哪一颗呢？在孕妈妈和准爸爸的心中，胎宝宝永远是那颗最明亮、最耀眼的星星。让胎宝宝快乐，不仅是爸爸妈妈的心愿，也是有助于胎宝宝健康成长的最好胎教。听一听节奏欢快的乐曲，孕妈妈快乐，胎宝宝就会快乐。

“一闪一闪亮晶晶，满天都是小星星……”孕妈妈知道吗？我们耳熟能详的《小星星》是出自大师莫扎特的手笔。

音乐的主题来源于一首古老的欧洲歌谣，曾被多个国家用不同的语言演绎过，乐曲的曲调单纯率真，莫扎特为它配上了可爱又富有魅力的节奏，使得音乐自然而愉快地流淌，蹦蹦跳跳的感觉生动地表现了小星星活泼可爱、变幻多端的模样。

乐曲丰富的旋律变化和明快的节奏，可以增强胎宝宝大脑皮层的活力，让他的思维更加敏捷。在跳跃的节奏中，胎宝宝也和孕妈妈一样感受到轻松和愉悦。

小星星

1=C 4/4

1 1 5 5 | 6 6 5 — | 4 4 3 3 | 2 2 1
一 闪 一 闪 亮晶晶，满天都是 小星星，

5 5 4 4 | 3 3 2 — | 5 5 4 4 | 3 3 2 —
挂 在 天 上 放光明，好像对我 眨眼睛。

1 1 5 5 | 6 6 5 — | 4 4 3 3 | 2 2 1 —
一 闪 一 闪 亮晶晶，满天都是 小星星。

完美准爸爸训练营

准爸爸，不妨在老婆面前卖个萌吧！还记得小时候老师教你做的《小星星》手指操吗？将你的双手举起来，五指伸开，随着音乐的节奏，摆动、抓握你的手指吧！相信孕妈妈一定会开心地笑起来，你们的宝宝也会跟着笑呢。

第 167~168 天

水墨《虾》韵

欣赏了轻松欢快的外国歌曲，让我们来感受一下中国水墨画的独特韵味。水墨画以中国画特有的材料之一——墨为主要原料，加以清水的多少引为浓墨、淡墨、干墨、湿墨、焦墨等，画出不同的浓淡（黑、白、灰）层次，别有一番韵味。

这幅《虾》是齐白石 89 岁高龄时的作品。此时白石画虾已入佳境，在简括的笔墨中表现了游弋水中的群虾，活泼、灵敏、机警，有生命力。

在表现了水墨、宣纸的独特性能外，又将虾的质感表现得淋漓尽致，是白石笔下最写实的对象之一。

不过，这样的成就并不是一蹴而就的，齐白石从青年时期开始画虾，一直坚持到老年。看到这里，孕妈妈是不是又增加了坚持孕期胎教的决心呢？

完美准爸爸训练营

今天准爸爸可以为孕妈妈买回几只活的鲜虾，让孕妈妈在欣赏名画的同时，还能有实物作参考。欣赏完名画后，准爸爸用买回的虾为孕妈妈做一道可口的饭菜吧，比如鲜虾芦笋，营养又美味呢。

孕7月
爸爸很羡慕我们母子连心

现在，胎宝宝在妈妈的子宫中已经占据了相当多的空间，开始充满整个子宫。挺着引以为傲的大肚子，虽然有英雄气概，但腰痛、背痛、便秘、小腿抽筋、静脉曲张、手脚肿胀等这些症状有可能使孕妈妈英雄气短。所以孕妈妈一定要注意调节身体，多多休息。

这个阶段胎宝宝大脑细胞迅速增殖分化，体积增大，这标志着胎宝宝的大脑发育将进入一个高峰期。胎宝宝的听觉神经系统也已发育完全，对外界声音刺激的反应更为明显。

胎宝宝越来越聪明，他已经和孕妈妈心有灵犀了，孕妈妈可以多多和他互动。准爸爸要是羡慕的话，也要多多参与哦。

第 169 天

关注妊娠水肿

孕妈妈即将接近孕晚期，妊娠水肿就会不期而至。多注意一些生活细节，了解一些应对方法，将会大有裨益。

孕 7 月健康生活宜忌

宜

很多孕妈妈会出现下肢水肿现象，这时就要适量多吃西瓜、红小豆、洋葱、茄子、芹菜等利尿消肿的食物。

孕妈妈要多喝水，充足的水分有利于排毒和消除水肿。孕妈妈不必担心，多喝水并不会增加水肿的程度，因为排出的水分总会比摄入的水分多。

忌

孕妈妈要注意饮食清淡，不要摄入过多的盐分，因为过多的盐分会增加身体的水肿程度。

奶、豆浆可以补充钙质，但孕妈妈千万不要把牛奶、豆浆当水喝，若大量饮用可使蛋白质摄入增加，会加重肾脏负担。

西瓜能利尿消炎，有助于缓解妊娠水肿。但其性寒，含糖量也较高，不可一次吃太多或长期大量吃。

完美准爸爸训练营

准爸爸每天都为孕妈妈准备一盆热热的洗脚水，帮她做做腿部按摩，睡觉时让她将双脚稍微垫高，这些都有助于减轻水肿症状。

第 170 天 和胎宝宝玩踢肚子游戏

怀孕第 7 个月，是胎宝宝胎动频繁的时期，孕妈妈可以多和胎宝宝做互动游戏。孕妈妈与胎宝宝的互动游戏，能让胎宝宝在潜意识里感知到妈妈对他的关注，同时动作训练可以刺激胎宝宝的运动积极性和动作灵敏性。踢肚子游戏和轻轻拍打胎宝宝都是好玩的互动游戏。

踢肚子游戏怎么玩

当胎宝宝踢孕妈妈的肚皮时，孕妈妈应迅速反应，轻轻拍打一下被踢的部位，然后静静地等待小家伙的第二脚。一般在一两分钟后，胎宝宝会再踢，这时候再轻拍几下。

这样往复几次后，停下来。孕妈妈试着改变拍的地方，神奇的是，胎宝宝会向你改变的地方再踢，此时要注意改拍的位置离原胎动的位置不要过远。

这种游戏可每天进行两次，在晚上胎宝宝活跃时进行效果最好，每次数分钟即可。

准爸爸也可以一起玩

为提高踢肚子游戏的趣味性，准爸爸也可以加入进来，在胎宝宝积极地踢孕妈妈的肚皮时，准爸爸也轻拍一下，并对他说："宝宝，猜猜哪只手是爸爸的？"或是干脆把耳朵贴在孕妈妈的肚皮上，感觉胎宝宝了不起的腿力，如果小宝宝踢中了爸爸贴的位置，准爸爸一定不要吝啬你的赞美之词啊。

宝宝，爸爸在跟你做游戏呢，你感觉到了吗？

完美准爸爸训练营

越来越清晰和频繁的胎动会让孕妈妈感到非常高兴和兴奋，当她向你表达这种激动的心情时，准爸爸应该积极回应，和孕妈妈一起分享这种喜悦。

第 171 天

《请回答我，七月》

经过了孕早期的不适和担心，孕中期的舒适和幸福，孕妈妈就要接近代表成熟的孕晚期了。现在，是不是有更多的话想和胎宝宝说一说？

如果五月和七月对话，他们会说什么呢？他们一定会非常好奇对方的世界是什么样的，也一定想知道，自己的季节里生长的事物，到了另一个季节会怎么样？不用担心啊，这世上生存的万物，都被四季好好地收藏。

请回答我，七月
哪里是蜜蜂
哪里是干草
哪里是羞红的面孔
啊，七月说
哪里是种子
哪里是蓓蕾
哪里是五月
请你，回答我
哦，五月说
让我看看雪飘
让我看看风铃
让我看看小鸟
小鸟他也在问
哪里是玉米
哪里是迷雾
哪里是浆果
年说，都在这里
——艾米莉·狄金森（美国）

完美准爸爸训练营

到了第 7 个月，由于体重和肚子的增大，孕妈妈可能会更容易感到疲惫，腰腿疼也更加明显。准爸爸可以经常帮孕妈妈按摩按摩腿部、背部和肩部，来缓解孕妈妈的不适。

第 172 天 学学绕口令

怀孕期间，孕妈妈偶尔和准爸爸斗斗嘴、撒撒娇，既可以调节孕妈妈的心情，还可以增进夫妻感情。今天我们就来点训练嘴皮子的游戏吧，既轻松又有趣，胎宝宝很开心呢。

墙上挂面鼓

墙上挂面鼓，鼓上画老虎。老虎抓破鼓，拿块布来补。

到底是布补鼓，还是布补虎？

一出南门走六步

一出南门走六步，遇见六叔和六舅。

好六叔，好六舅，借给我六斗六升好绿豆。

到了秋，收了豆，再还六叔六舅六斗六升好绿豆。

铜铃

东洞庭，西洞庭，洞庭山上一根藤，藤上挂铜铃。

风吹藤动铜铃动，风停藤定铜铃静。

蚕与蝉

这是蚕，那是蝉，蚕常在叶里藏，蝉常在林里唱。

一只青蛙一张嘴

一只青蛙一张嘴，两只眼睛四条腿，扑通一声跳下水。

两只青蛙两张嘴，四只眼睛八条腿，扑通、扑通跳下水。

三只青蛙三张嘴，六只眼睛十二条腿，扑通、扑通、扑通跳下水。

四只青蛙四张嘴，八只眼睛十六条腿，扑通、扑通、扑通、扑通跳下水。

…………

后面的，继续说下去吧！

完美准爸爸训练营

这一通绕口令下来，孕妈妈可就口干舌燥了，贴心的准爸爸赶快端来一杯新鲜的果汁或者滋润身心的温开水吧。

呱呱，准爸爸，
没事多陪陪孕妈妈。
孕妈妈，准爸爸，
千万不要数错啦。

第 173 天

思维游戏：数数三角形

这个月胎宝宝大脑细胞迅速增殖分化，体积增大，这标志着胎宝宝的大脑发育将进入一个高峰期。今天孕妈妈就来做做思维游戏，数数三角形，在数的过程中，可以告诉胎宝宝这是三角形，让胎宝宝认识一下三角形，构建空间感。

如果孕妈妈数着数着忘了数到哪了，可以给每个数过的三角形标上序号，或者涂上颜色，可不要数花了眼哦。

1.

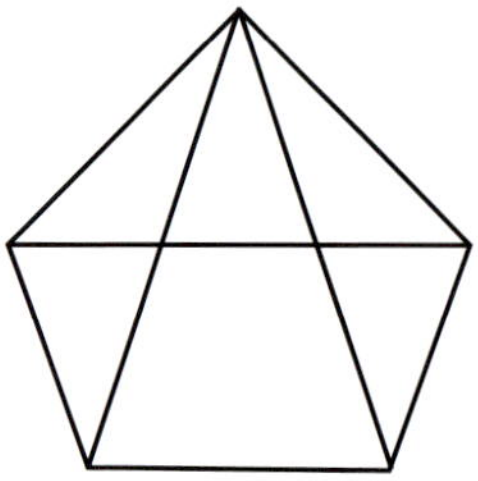

2.

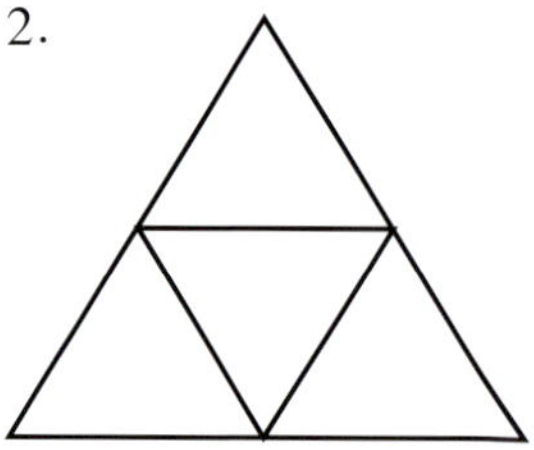

3.

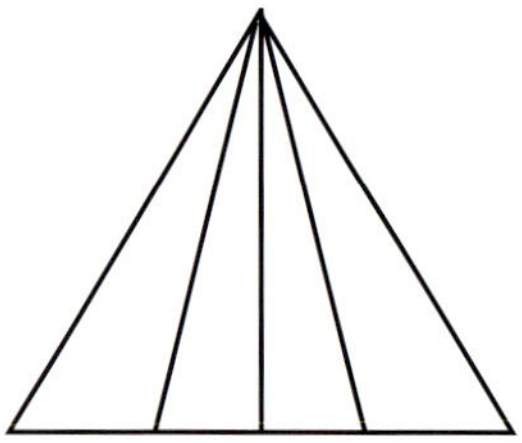

（答案见本页）

完美准爸爸训练营

这一时期准爸爸可以多为孕妈妈准备一些核桃、芝麻、花生之类的健脑食品，为胎宝宝大脑发育提供充足的营养。但是要提醒孕妈妈每天不可食用过多。

思维游戏答案：1.11个，2.5个，3.10个。

第174~175天

宝宝，《这个感觉怎么样》

孕妈妈空闲的时候，可以教教胎宝宝各种东西的触感是怎么表达的。

How does This Feel	这个感觉怎么样
Some things feel different.	有些事物感觉不同的。
How does this feel ?	这个感觉怎么样?
This feels bumpy.	这个感觉崎岖不平的。
How does this feel ?	这个感觉怎么样?
This feels rough.	这个感觉粗糙的。
How does this feel ?	这个感觉怎么样?
This feels hard.	这个感觉坚硬的。
How does this feel ?	这个感觉怎么样?
This feels smooth.	这个感觉平滑的。
How does this feel ?	这个感觉怎么样?
This feels wet.	这个感觉湿湿的。
How does this feel ?	这个感觉怎么样?
This feels dry.	这个感觉干燥的。
How does this feel ?	这个感觉怎么样?
This feels oily.	这个感觉油腻的。
How does this feel ?	这个感觉怎么样?
This feels sticky.	这个感觉黏黏的。
How does this feel ?	这个感觉怎么样?
This feels soft.	这个感觉柔软的。
How does this feel ?	这个感觉怎么样?
This feels furry.	这个感觉毛毛的。
Not everything feels the same !	不是每样事物的感觉都是一样的!

完美准爸爸训练营

当孕妈妈读到诗歌中的各种感觉时，准爸爸可以找来相应的物体让孕妈妈摸一摸，然后告诉胎宝宝这是什么，这样可以加深胎宝宝的印象。

第176天
机智应答《小时了了》

孕妈妈都希望宝宝将来健康又聪明，今天，孕妈妈为胎宝宝读一个关于孔融的故事吧，看看小孔融是如何机智应答的。

孔融是公元2世纪中国汉朝一个很博学的人。因为家庭的影响，他从小就很聪明，特别擅长辞令，年纪不大，已经是小有名气了。

孔融10岁时，随他父亲到都城洛阳去拜访当地的行政长官李元礼。李元礼是一位有名而高傲的学者，日常拜访他的人很多，但如果来访者是无名之辈，守门的人照例是不通报的。

年仅10岁的孔融很想见见这位大学者。一天，他来到李元礼的官府门前，请守门人通报李元礼。但守门人见只是一个孩子，就打算随便把孔融打发走。孔融灵机一动，对守门人说："我是李先生的亲戚，他一定会见我的。"守门人通报后，李元礼感到有些奇怪，因为自己并没有这样一位亲戚。不过，他还是决定见见孔融。李元礼见到孔融，就好奇地问他说："请问你和我有什么亲戚关系呢？"

孔融回答道："我是孔子的后代，你是老子的后代。天下的人都知道孔子曾向老子请教过关于礼节的问题，所以他们是师生关系，所以说我和你也是世交呀！"李元礼的家里当时有很多宾客在座，大家对年仅10岁的孔融竟能这样博学和随机应变感到惊奇。正在这时，一个叫陈韪的人来拜访李元礼。陈韪也是一名有些名气的学者。在座的宾客就将孔融刚才的表现告诉他。谁知陈韪却不以为然，当着孔融的面随口说道："小时了了，大未必佳。"意思是小时候虽然很聪明，长大了却未必能够成材的。

聪明的孔融立即反驳道："我想陈先生小的时候，一定是很聪明的。"言下之意，陈韪是一个庸才。陈韪被孔融一句话难住了，半天说不出话来。

以子之矛攻子之盾，让目中无人的人自讨没趣。

完美准爸爸训练营

准爸爸还可以找来《孔融让梨》的故事读给胎宝宝听，让胎宝宝对孔融有更多的认识，胎宝宝将来就会像孔融一样聪明。

第177天 对话汪星人

可爱的小狗是我们人类忠实的伙伴，给许多人的生活带来了欢乐和安宁。由于怀孕，孕妈妈不得不把家里的小狗送人或者寄养到别人家。没关系，让我们来给汪星人打个电话吧，在它们离开我们的日子里，我们一样可以对它们有一定的了解和关心。

孕妈妈：喂，你好，亲爱的狗狗，很久不见，我们聊聊天吧。

狗狗：好呀！

孕妈妈：你们是由狼演变来的吗？

狗狗：嗯，应该是的，许多科学家认为我们是由早期人类从灰狼驯化而来，驯养时间在4万年前~1.5万年前。

孕妈妈：你们喜欢吃什么，有什么不能吃的吗？

狗狗：吃的东西比较杂，肉、饭菜、骨头、狗粮等都可以，夏天热的时候，我们甚至还可以吃点水果和冷饮。但是最好不要喂我们吃生蔬菜，否则容易生病。

孕妈妈：为什么你们的嗅觉那么灵敏？

狗狗：我们有2.2亿个嗅觉细胞，是人类的250倍，能分辨出大约200万种物质发出的不同浓度气味。

孕妈妈：为什么你们的警觉性那么高，这和听力有关吗？

狗狗：当然有关，我们天生可以分辨极为细小和高频率的声音，而且对声源的判断能力很强，几乎是人类的16倍，即使是晚上睡觉，也会保持高度的警觉性。而且我们能听到的最远距离大约是人类的400倍，能分辨32个不同的方向。

孕妈妈：你们的寿命一般有多长呢？

狗狗：正常情况下我们能活十多年，一般在10~15年之间，最长的也有20年以上，不过很少见。

孕妈妈：哦，比我们人类短好多，以后我们一定会好好爱护你们，让我们更好相伴。

完美准爸爸训练营

家里有小狗且没有送人的准爸爸要注意，一定要让孕妈妈尽量少与狗狗亲密接触，记得经常给狗狗洗澡，清理食盆、打扫粪便这样的事都要由准爸爸来做。而有的孕妈妈则属于怕狗一族，在外出碰到狗时，准爸爸要护着孕妈妈，让她走在离狗狗远的一侧，使她更有安全感。

第178天

神奇的《蛤蟆戏龙》

上知天文，下晓地理，许多素材都是胎教的好内容，孕妈妈在潜移默化中就能给胎宝宝很好的启蒙。

中国东汉时期，洛阳及附近地区经常发生地震。其中公元119年发生的两次大地震，波及范围达十多个县，造成大批房屋倒塌，人畜伤亡，人们对地震都十分恐惧。皇帝以为这是得罪了上天，因此增加人民赋税，用来举行祈祷活动。当时有一位科学家叫张衡，对天文、历法、数学都有很深的研究。张衡不相信关于地震的迷信宣传，他认为地震应该是一种自然现象，只是人们对它的认识太少了。鉴于这种情况，他加紧了对地震的研究。

张衡细心观察和记录每一次地震现象，用科学的方法分析了发生地震的原因。经过多年的反复试验，公元132年，张衡制造出了中国乃至世界上第一个能预报地震的仪器，取名"地动仪"。

这架"地动仪"是用青铜铸造而成的，形状像一个圆圆的大酒坛，直径近1米，中心有一根粗的铜柱子，外围有8根细的铜杆子，四周浇铸着8条龙，8条龙头分别连着里面的8根铜杆子，龙头微微向上，对着东、南、西、北、东北、东南、西北、西南八个方向。每条龙的嘴里含着一个小铜球，每个龙头的下面蹲着一只铜蛤蟆，它们都抬着头，张大嘴巴。蛤蟆和龙头的样子非常有趣，好像在互相戏耍。人们就用"蛤蟆戏龙"来形容"地动仪"的外貌。

按照张衡的设计，如果哪个方向发生了地震，"地动仪"的铜杆就会朝哪个方向倾斜，然后带动龙头，使那个方向的龙嘴张开，小铜球就会从龙嘴里吐出来，掉到蛤蟆嘴里，发出"当"的一声，向人们报告那个方向发生了地震，以便政府做好抢救和善后工作。

张衡经过努力，制造出了地动仪。

完美准爸爸训练营

这么充满智慧的故事是不是应该由准爸爸来讲呢！形象生动的讲述会让胎宝宝很崇拜你呢。准爸爸讲的时候可以模仿一下蛤蟆蹲坐和跳跃的样子，这样更有趣呢。

第 179 天

思维游戏：找找图中有几张脸

孕育生命是一件多么神奇而美妙的事情。作为灵长类的高级生命，人类拥有着卓越的智慧。瞧瞧下面这幅画，不仅可以欣赏它的典雅美丽，独具匠心的画家还在里面暗藏玄机呢。孕妈妈仔细看看，画中是不是藏着侧面人脸，你能从画中找到几张侧面人脸呢？

（答案见下页）

完美准爸爸训练营

准爸爸可以和孕妈妈一起玩这个游戏，如果你先找全了图中的侧脸，可不要说出来哦。等孕妈妈找完之后再看看你们的答案是否一样。

第 180 天
好一朵《茉莉花》

熟悉的歌曲、熟悉的旋律，孕妈妈轻轻哼唱给胎宝宝听吧，用歌声传递你对宝宝的爱意，只要饱含对宝宝的殷殷深情，就是世界上最美的歌声，让你的宝宝，在妈妈的歌声中幸福地成长。

孕妈妈在唱歌的时候，要想着胎宝宝正在认真地聆听，你正在和胎宝宝一起分享这份喜悦，向你肚子里的胎宝宝传递“爱的信息”。

好一朵茉莉花，好一朵茉莉花，
满园花草，香也香不过它，
我有心采一朵戴，又怕看花人骂。
好一朵茉莉花，好一朵茉莉花，
茉莉花开，雪也白不过它，
我有心采一朵戴，又怕老人笑话。
好一朵茉莉花，好一朵茉莉花，
满园花开，比也比不过它，
我有心采一朵戴，又怕来年不发芽。
好一朵茉莉花，好一朵茉莉花，
满园花开，比也比不过它，
我有心采一朵戴，又怕来年不发芽，
我有心采一朵戴，又怕来年不发芽。

天赋仙姿，玉骨冰肌。
向炎威，独逞芳菲。

第171页思维游戏答案：3张。

完美准爸爸训练营

多久没有给孕妈妈送花了，买一束茉莉花送给她吧。即使在怀孕期间，准爸爸也要不断地告诉孕妈妈——她依然是那么漂亮迷人。孕妈妈听了会很开心哦。

第 181~182 天 让人心静的十字绣

刺绣如同编织一样，是一种很好的情绪胎教及美学胎教内容，如果孕妈妈以前从未接触过刺绣，那么，不妨从超级简单的十字绣开始。虽然有人开玩笑地说“十字绣几乎没什么技术含量”，但这确实是一种让人心情宁静的好方法。

很多小商品市场里都有卖包装好的全套设备：绣布、绣针、绣线和图案，你只需按照图示，一针一针地照猫画虎就可以了。一般来说，正规的绣图上会标明绣线的类别和线号。

在绣之前，注意把绣线用水洗一下，如果不掉色就可放心地绣了。

完美准爸爸训练营

准爸爸注意提醒孕妈妈，每次绣十字绣的时间不宜过长，否则容易肩颈疼痛，对眼睛也不好。每次绣完后，准爸爸可以帮孕妈妈揉揉肩膀。

第183天
《母亲的诗》(一)

古往今来，“母亲”总是诗人描写和歌颂的对象，因为她是爱的象征，是伟大的代名词。智利女诗人米斯特拉尔就曾创作了一组诗歌——《母亲的诗》，整首诗情真意挚，深刻地表达了诗人对所爱之人的美好感情。

被吻

我被吻之后成了另一个人：由于同我脉搏合拍的脉搏，以及从我气息里察觉的气息，我成了另一个人。如今，我的腹部像我的心一般崇高。

我甚至发现我的呼吸中有一丝花香：这都是因为那个像草叶上的露珠一样轻柔地躺在我身体里的小东西的缘故！

他会是什么模样

他会是什么模样？我久久地凝视玫瑰的花瓣，欢愉地抚摸它们：我希望他的小脸蛋像花瓣一般娇艳。我在盘互交错的黑莓丛中玩耍，因为我希望他的头发也长得这么乌黑卷曲。不过，假如他的皮肤像陶工喜欢的黏土那般黑红，假如他的头发像我的生活那般平直，我也不在乎。

我远眺山谷，雾气笼罩那里的时候，我把雾想象成女孩的侧影，一个十分可爱的女孩，因为他可能是女孩，但是最要紧的是，我希望他看人的眼神跟那个人一样甜美，声音跟那个人对我说话一样微微颤抖，因为我希望在他身上寄托我对那个吻我的人的爱情。

甜蜜

我怀着的孩子在熟睡，我脚步静悄悄。我怀了这个神秘的东西以来，整个心情是虔诚的。

我的声音轻柔，仿佛加上了爱的弱音器，因为我怕惊醒他。

如今我的眼光在人们的脸上寻找内心的痛苦，以便别人看到并了解我脸色苍白的原因。

我小心翼翼地拨动鹌鹑安巢的草丛。我轻手轻脚地走在田野上。我相信树木也有熟睡的孩子，所以低着头在守护他们。

完美准爸爸训练营

孕妈妈也快要成为母亲了，准爸爸要给她更多的爱，每天早上醒来时轻轻吻吻她的额头，一整天都会无比甜蜜。

第184天

《母亲的诗》(二)

虽然米斯特拉尔没有生过孩子，但她始终怀着对已死去的爱人的强烈爱情，想象自己与他结合而怀孕，并把想象中将来生出的孩子看成是与心爱之人结合而得出的爱的结晶。那些唱给母亲和儿童的诗歌，是对爱的呼唤和施与。

致丈夫

丈夫，别搂紧我。你使他像水里的百合似的在我身体深处浮起。让我像静水一样待着吧。

爱我吧，多给我一点爱！我多么娇小，将同你形影不离；我多么可怜，将另给你眼睛、嘴唇，让你享受世界的乐趣；我多么脆弱，爱情将使我像陶罐一般坼裂，倾泻出生命的美酒。

原谅我吧！我步履蹒跚，替你端酒时笨手笨脚；是你把我充实成现在的模样，是你使我的行动变得这么怪里怪气。

比以往任何时候更亲切地对待我吧。别热切地搅扰我的血液，别激动我的呼吸。

如今我只是一幅纱幕，我整个躯体只是一幅有个孩子在底下睡觉的纱幕！

完美准爸爸训练营

就像《致丈夫》中写的一样，准爸爸如果要和孕中期的孕妈妈亲热也不是不可以，但一定要小心再小心，而且是在孕妈妈身体和心理都允许的情况下。

黎明

我折腾了一宿，为了奉献礼物，整整一宿我浑身哆嗦。我额头上全是死亡的汗水；不，不是死亡，是生命！

上帝，为了让他顺顺当当出生，我现在管你叫做无限甜蜜。

出生了吧，我痛苦的呼吸升向黎明，和鸟鸣汇合。

神圣的规律

人们说，经过生育，生命在我身体里受到了削弱，我的血像葡萄汁从压榨机流出；可我只觉得像是吐了一口大气，心头舒畅！

我自问道："我是谁，膝头能有一个孩子？"

我自己回答说："一个怀着爱的人，在被吻时，她的爱情要求天长地久。"

大地瞧我怀抱着孩子，为我祝福，因为我像棕榈一样丰饶。

第 185 天
胎宝宝学百科：动物冬眠

胎宝宝现在大部分时间都在睡觉，但他的作息像孕妈妈一样，每天都还是有清醒的时间的，有些动物可就不同了，它们可以睡一整个冬天。

各种各样的冬眠

动物的冬眠多种多样：蜗牛用自身的黏液把壳密封起来。绝大多数的昆虫，在冬季到来时不是“成虫”或“幼虫”，而是以“蛹”或“卵”的形式来冬眠。

熊冬眠时最有趣，它们呼吸正常，有时候还会跑到山洞外溜达几天再回来接着睡。更为神奇的是，母熊冬眠后醒来，可能发现身边还躺着一两只活泼可爱的小熊，这显然是冬眠时生下的。

动物冬眠的时间长短也不同，西伯利亚东北部的东方旱獭，一次冬眠可以睡 200 多天，而俄罗斯的黑貂，一年却只有 20 天的冬眠期。

冬眠有什么好处

冬眠，是变温动物避开食物匮乏的寒冷冬天的一个“法宝”。

冬眠时，动物的神经可以进入麻痹状态。比如刺猬冬眠时，不吃也不动，也不怎么呼吸，心跳也慢得出奇，每分钟只跳 10~20 次。如果把它浸到水里，半个小时也死不了，可是当一只醒着的刺猬浸在水里两三分钟后，就会被淹死。另外，冬眠时，动物体温显著下降。一般来说，动物在冬眠过程中，每昼夜只能放出 2.09 焦耳热量，但在它苏醒后，兴奋的时候，每昼夜则能放出 17 千焦的热量。由此可见，冬眠动物体温下降时，机体内的新陈代谢作用变得非常缓慢，仅仅能维持它的生命。

动物为什么可以冬眠

在冬眠动物的血液中，有一种能诱发冬眠的物质。实验还表明，冬眠时间越长的动物，这种物质诱发冬眠的作用越强烈。在动物的血液中，还存在着另一种与冬眠物质相对抗的物质。这种物质在血液中达到一定量时，就使冬眠的动物苏醒过来。

完美准爸爸训练营

孕妈妈良好的作息规律需要准爸爸一起配合，不要觉得你自己一个人熬夜无所谓，这样多多少少都会影响孕妈妈休息，而且准爸爸也需要一个好身体来照顾孕妈妈。

第186天 逗人开心的谜语

今天孕妈妈不妨轻松一下，来猜几个特别好笑的谜语，注意不要大笑啊，因为胎宝宝喜欢妈妈微笑，突然的大笑反而会让他感到不安。

猜成语

1. 一个人被刷成金色
2. 羊屏住了呼吸
3. 狗过了独木桥就不叫了
4. 蜜蜂停在日历上
5. 一群人拿鸡蛋砸枪
6. 用筷子夹食物放到嘴里
7. 有十只羊，九只蹲在羊圈，一只蹲在猪圈
8. 帽子脏了要翻面再戴
9. 羊的肠子一定很短
10. 孕妈妈出门

猜物品

1. 一头猪说：“加油啊！”

（——打一种小食品，3个字）

2. 打猎打到一只很出名的猪，你说了句话。

（——打一样珍贵的物品，3个字）

3. 老鼠对马说：“我昨天跟猫约会呢！”

（——打一种小食品，2个字）

4. 马不信，揪着老鼠的衣服把它提了起来。

（——打一种蔬菜，3个字）

5. 黄豆被一条河拦住了去路。

（——打一种蔬菜，3个字）

完美准爸爸训练营

孕妈妈不开心时，准爸爸可以陪她看看搞笑的小品，还可以模仿相声段子逗孕妈妈开心。

本页谜语答案：

猜成语

1. 一鸣惊人（一名金人）
2. 扬眉吐气（羊没吐气）
3. 过目不忘（过木不汪）
4. 风和日丽（蜂和日历）
5. 枪林弹雨（枪淋蛋雨）
6. 脍炙人口（筷至人口）
7. 抑扬顿挫（一羊蹲错）
8. 张冠李戴（脏冠里戴）
9. 扬长避短（羊肠必短）
10. 挺身而出（挺身而出）

猜物品

1. 朱古力（猪鼓励）
2. 夜明珠（耶！名猪）
3. 薯片（鼠骗）
4. 马铃薯（马拎鼠）
5. 荷兰豆（河拦豆）

第 187 天
《城里老鼠和乡下老鼠》的故事

亲爱的宝宝，不知道你将来是喜欢繁华忙碌的都市生活，还是宁静悠闲的乡村生活。妈妈想告诉你，无论生活在什么地方，高贵的生活是靠自己的劳动创造出来的，在这样的生活里，人们才能活得踏实、舒适，有尊严感和持久的幸福感。

有一天，一只城里老鼠遇到了一只乡下老鼠，他们交上了朋友，从此开始了相互往来。首先是乡下老鼠邀请城里老鼠到家里来做客，城里老鼠很高兴地答应了。

乡下老鼠拿出从田地里采来的玉米、花生、白薯和酸枣招待城里老鼠。城里老鼠一看，有点瞧不起乡下老鼠："这些东西太平常了！你难道就没有一些贵点儿的食物吗？你生活得太贫穷了。哪天你跟我到城里去，我让你开开眼界，看看我们吃的是什么，那简直丰富极了！"

乡下老鼠非常羡慕地望着城里老鼠，心里十分盼望早一天到城里去做客。

这一天，乡下老鼠进了城，到了城里老鼠家里。怎么回事，饭桌上什么东西都没有啊？城里老鼠看出乡下老鼠心里的疑问，就告诉他：吃的东西到晚上就会有的。夜晚很快来了，乡下老鼠跟着城里老鼠悄悄溜进主人的厨房，哇！这里的食品真多呀！各种蔬菜、水果、面包、香肠、奶酪、黄油……让人看得口水都流出来了。乡下老鼠和城里老鼠不客气地吃起来。

正吃得开心，突然听到有脚步声，"不好！主人来了，快跑！"城里老鼠一把抓住乡下老鼠钻回了洞里。乡下老鼠吓得心脏怦怦地跳个不停，刚吃下的东西差点吐了出来，"老兄，你过的是什么日子呀？虽然有那么多好吃的东西，可是总是提心吊胆的，这种生活我可受不了。我还是喜欢我们乡下自由自在的生活。"说完，乡下老鼠告辞回家去了。

——选自《伊索寓言》

完美准爸爸训练营

无论你们生活在哪里，哪怕你们的生活并不富裕，孕妈妈最需要的只是你的呵护和陪伴。准爸爸下班后尽量早点回家，为孕妈妈做一顿温馨的晚餐，让她享受这踏实、幸福的生活。

第 188~189 天
漂亮的手工笔筒

孕妈妈在空闲的时候，肯定也想动手做点什么，却不知从何下手。其实，生活中的创意无处不在，稍微花点小心思，就可以将身边搁置不用的废弃物改造为美观实用的小物件。今天，孕妈妈就用家里的纸盒做一个漂亮的笔筒吧。

材料准备： 纸盒、笔、尺子、裁纸刀、双面胶、彩纸

制作方法：

1 将纸盒裁剪成如图所示形状。

2 在盒身画上漂亮的图案。

3 将彩纸剪出合适的形状，画上喜欢的图案。

4 将画好的彩纸贴在盒盖上(还可以加点别的装饰)，就大功告成了。

完美准爸爸训练营

孕妈妈做好了笔筒，准爸爸就把家里的笔都收纳进来吧，顺便整理一下你们的小书桌，给孕妈妈创造一个良好的环境。

第190天
民间儿歌好多首

最后几个月是语言胎教的重点，孕妈妈可以多学几首儿歌，选出自己喜欢的唱给胎宝宝听，要知道，有些好听的儿歌，可以一直唱到宝宝将来上学的时候呢。另外的收获是，这些多年传下来的儿歌中，有很多民间的智慧或道理。

摇摇船

摇，摇，摇，
摇到外婆桥。
外婆对我笑，
叫我好宝宝。
糖一包，果一包，
吃完饼儿还有糕。
摇，摇，摇，
摇到外婆桥，
外婆叫我好宝宝。
请吃糖，请吃糕，
糖啊糕啊莫吃饱。
少吃滋味多，
多吃滋味少。

拉大锯

拉大锯，扯大锯，
姥姥家里唱大戏。
接姑娘，请女婿，
就是不让宝宝去。
不让去，也得去，
骑着小车赶上去。

真稀奇

稀奇稀奇真稀奇，
蚂蚁踩死大公鸡，
爸爸睡在摇篮里，
宝宝唱着摇篮曲。

推磨摇磨

推磨，摇磨，
推豆子，磨豆腐，
小宝宝要吃菜豆腐。
打碗米来煮，
煮又煮不熟，
抱着罐罐哭。

小小子儿

小小子儿，
坐门墩儿，
哭哭啼啼要媳妇儿，
要媳妇儿，干什么？
点灯说话儿，
吹灯做伴儿，
到明儿早晨，
梳小辫儿。

完美准爸爸训练营

孕妈妈读了这么多儿歌肯定口渴了，赶快端来一杯温度合适的白开水吧。胎教不用条条框框约束，只要孕妈妈精神好的时候，准爸爸就可以放一些儿歌给孕妈妈听。

第191天
永远的《天鹅湖》

优雅的天鹅，永远是人们心目中美好的象征，你想不想自己的胎宝宝在人生的开始就沐浴着优雅、古典的音乐洗礼？那么不妨多听听一些经典的曲目，比如《天鹅湖》。

永远的天鹅湖

《天鹅湖》被人们称作“永远的天鹅湖”，可见其在人们心目中的位置。柴柯夫斯基无疑是古典舞剧最为杰出的大师，一部《天鹅湖》就已经是“旋律之王”最好的注解了。该乐曲性格鲜明，既保留了传统芭蕾音乐的典雅、优美风格，又有创造性表现，即丰富的交响性，把古典舞、代表性舞甚至哑剧连接发展为一个严密的整体，富有情节性，每场音乐对场景的描写极为完美，对戏剧矛盾的振动以及每个角色性格和内心的刻画非常到位，因此被评价为“首次将舞蹈作品注入了音乐灵魂”。

细长的脖颈，洁白的羽毛，在湖中优雅地舞蹈。

优美的序曲

舞剧的序曲一开始，双簧管吹出的柔和的曲调引出故事的线索，这是天鹅主题的变体，它概略地勾画了被魔法变为天鹅的姑娘那动人而凄惨的图景。然后，在第一幕结束时，夜空出现一群天鹅，这时乐曲第一次出现天鹅的主题，它充满了温柔的美感，在竖琴和提琴颤音的伴随下，由双簧管和弦乐先后奏出。

轻松活泼的舞曲

《那波里舞曲》是一首十分著名的意大利风格的舞曲，整个舞曲以小号为主奏，音乐活泼，前半段平稳，后半段则节奏越来越快，气氛越来越热烈，是一首塔兰泰拉风俗舞曲。

《四小天鹅舞曲》是该舞剧中最受人们欢迎的舞曲之一，音乐轻松活泼，节奏干净利落，描绘出了小天鹅在湖畔嬉游的情景，质朴动人而又富于田园般的诗意。

完美准爸爸训练营

准爸爸可以模仿天鹅的样子逗孕妈妈开心，还可以给胎宝宝讲讲天鹅的生活习性。

第 192 天
胎宝宝学百科：羊水

有人说人类是一种特殊的“两栖动物”，胎儿期住在水里，出生后生活在陆地上。孕育胎宝宝的神奇之水便是“羊水”。了解有关羊水的相关知识有助于孕妈妈更好地度过孕期生活。

羊水

所谓羊水，是指怀孕时子宫羊膜腔内的液体。在整个怀孕过程中，它是维持胎宝宝生命所不可缺少的重要成分。

羊水的形成

在胎宝宝的不同发育阶段，羊水的来源也各不相同。在孕早期，羊水主要来自胚胎的血浆成分；之后，随着胚胎的器官开始发育成熟，其他如胎宝宝的尿液、呼吸系统、胃肠道、脐带、胎盘表面等，也都成为了羊水的来源。

羊水的成分和容量

羊水的成分 98% 是水，另有少量矿物质、有机物激素和脱落的胎宝宝细胞。

羊水的数量，一般来说会随着怀孕周数的增加而增多，在 20 周时，平均是 500 毫升；到了 28 周左右，会增加到 700 毫升；在 32~36 周时最多，约 1000~1500 毫升；其后又逐渐减少。因此，临床上是以 300~2000 毫升为正常范围，超过了这个范围称为“羊水过多症”，达不到这个标准则称为“羊水过少症”，这两种状况都是需要特别注意的。

羊水的重要性

羊水是孕育胎宝宝的神奇之水，其重要性如下：

1．可以作为评估胎宝宝健康和性别的指标。

2．有润滑作用，使产道分娩不会过于干涩。

3．形成水囊，在生产时对子宫颈和产道有软化扩张的功能，减少对母体的伤害。

4．预防外界细菌感染，即使已经感染，也可使其降低到最小限度。

5．减少子宫收缩时对胎宝宝的压迫，使子宫收缩压力较平均。

6．保护胎宝宝，使胎宝宝能在稳定的压力和温度中成长。

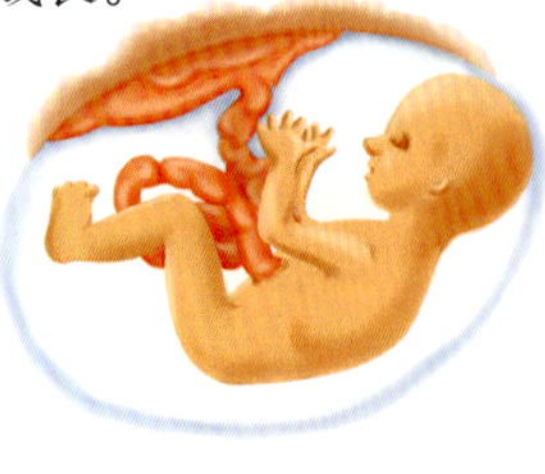

完美准爸爸训练营

多多饮水对于孕妈妈来说非常重要。准爸爸可以为孕妈妈准备一个漂亮的水杯，并经常提醒孕妈妈按时饮水。

第 193 天
英语颜色卡片

在英语胎教中，孕妈妈在教胎宝宝认单词时，可以注意去看实物，胎宝宝通过你的眼睛“看”到单词代表的实物，能结合图像在脑中留下印象。这里给孕妈妈介绍一个好方法——做英语卡片，平时可以拿出来反复地教胎宝宝。准备一些卡片，涂上各种颜色，写上英语单词，现在就来教胎宝宝认识一下各种颜色用英语怎么说吧。

red　orange　yellow

blue　green　pink

完美准爸爸训练营

准爸爸可以为孕妈妈做一些英语单词卡片，或者去书店买一些宝宝启蒙大卡，以后给宝宝早教也能用到。

第 194 天
关心《不被注意的花饰》

孩子的世界总是那么精彩，充满了好奇和想象。孕妈妈保持一颗快乐的童心，胎宝宝将来也会是个快乐的孩子。

啊，谁给那件小外衫染上颜色的，我的孩子，谁使你的温软的肢体穿上那件红的小外衫的？

你在早晨就跑出来到天井里玩儿，你，跑着就像摇摇欲跌似的。

但是谁给那件小外衫染上颜色的，我的孩子？

什么事叫你大笑起来的，我的小小的命芽儿？

妈妈站在门边，微笑地望着你。

她拍着她的双手，她的手镯叮当地响着，你手里拿着你的竹竿儿在跳舞，活像一个小小的牧童。

但是什么事叫你大笑起来的，我的小小的命芽儿？

喔，你这小乞丐，你双手攀搂住妈妈的头颈，要乞讨些什么？

喔，你是要我把整个世界从天上摘下来，像摘一个果子似的，把它放在你的一双小小的玫瑰色的手掌上么？

太阳微笑着，望着你的打扮。

当你睡在你妈妈的臂弯里时，天空在上面望着你，而早晨蹑手蹑脚地走到你的床跟前，吻着你的双眼。

风高兴地带走了你踝铃的叮当。

仙乡里的梦婆飞过朦胧的天空，向你飞来。

在你妈妈的心头上，那世界母亲，正和你坐在一块儿。

他，向星星奏乐的人，正拿着他的横笛，站在你的窗边。

仙乡里的梦婆飞过朦胧的天空，向你飞来。

——泰戈尔（印度）

完美准爸爸训练营

有空的时候，准爸爸可以和孕妈妈聊聊小时候的趣事，陪孕妈妈一起做做小时候玩的游戏。

第195~196天 温馨动人的《母与子》

雷诺阿是卓越的法国人物画大师，他笔下的女性丰满娇丽，妩媚动人，仪态万方，他笔下的儿童，天真烂漫，聪明伶俐，纯洁可爱。他喜欢以日常生活为题材，描绘人们的欢愉情景。

《母与子》作于1885年，画面细腻，感情真挚，婴儿吮乳的嘴、舒服惬意的眼神，都描摹得十分到位。婴儿的小胖手扳住一只翘起的小胖脚（这个动作，将在未来的几个月内真实地出现在你眼前），脚趾头刻画得都那么精致！

完美准爸爸训练营

看了画中温馨的哺乳场景，准爸爸记得提醒孕妈妈保养好自己的乳房。准爸爸可以每天为孕妈妈准备一条热毛巾和一瓶品质有保障的专用乳液，让孕妈妈的乳房远离干燥和皲裂。

孕8月
日子静静过，生活满眼美

日子过得说快不快，说慢不慢，
怀孕第 8 个月，孕晚期到了。

这个月，胎宝宝对外界的刺激反应更为明显，孕妈妈要持续地关心他，给他讲故事、听音乐，坚持与胎宝宝的交流，让快乐延续下去。到本月末，他的体重将增长到相当于 8 个橙子的重量。有研究表明，这个月的胎宝宝能通过声音的波长和频率，产生直接的记忆，接受母亲的情感。所以，这个时期是全部吸收时期，可以说是胎教的“尖峰时刻”。

孕妈妈与胎宝宝见面的日子越来越近，等到那一天到来时，说不定你还会怀念现在，胎宝宝在你肚子里与你紧密相依的日子。那就好好享受眼前的美景吧，让幸福就这样一直延续下去。

第 197 天
合理增加体重

亲爱的宝宝，你一天天长大，妈妈也显得越来越笨拙了。妈妈希望给你更好的营养，同时也要注意自己的体重不可增加过快过多，这样我们才能都健健康康、快快乐乐。

孕 8 月健康生活宜忌

宜

从现在到分娩，孕妈妈最好多吃些豆类和谷类食品，这不仅能满足孕妈妈身体的需要，同时还可以满足胎宝宝在这阶段对营养的需求。

每天晚饭后散步一小会儿，既可以合理控制体重，也有利于将来顺利分娩。

有时间的话，认真记录一下每次有规律的胎动，这样可以更好地了解胎宝宝的健康状况。

多吃玉米等富含粗纤维的食物，可以帮助孕妈妈控制体重。

高油脂、高热量食物不可食用过多。

忌

为了避免体重增加过度，孕妈妈还是戒了饼干、糖果、炸薯条等热量比较高的零食吧。

孕妈妈会偶尔觉得肚子一阵阵发硬、发紧，这是假宫缩，不必紧张。孕妈妈需要注意的是避免走太远的路，站立的时间不要过长。

此时最易患妊娠并发症，应控制糖分、盐分、脂肪的摄入，定期产前检查，发现水肿、高血压要及时治疗。

完美准爸爸训练营

将家里高热量、低营养的零食都送人吧，准爸爸要陪孕妈妈一起养成良好的饮食习惯，为孕妈妈准备一些含糖量较低的水果，想吃零食的时候就有替代品了。

第 198 天
送一束光明给胎宝宝

国外一些专家研究认为，适度适时的光照，对胎宝宝视觉统合能力有良好的促进作用。

神奇的光刺激

第 8 个月时，胎宝宝的眼睛时开时闭，他能够辨别明暗，甚至能跟踪光源。如果此后能经常送一束光亮给胎宝宝，那么，光线刺激胎宝宝的视网膜，视网膜上的光感细胞受到光刺激后，就使其中的感光物质发生光化学反应，产生神经冲动，由视觉通过神经传入大脑皮层，在大脑皮层产生复杂的生理变化，使胎宝宝视觉水平提高。这对他日后的视觉能力将产生良好的影响，为此“光照胎教”应运而生。

晒晒太阳，还可以帮助孕妈妈补补钙。

具体做法

在这个月，孕妈妈可通过产前常规检查，请医生标注胎宝宝头部的位置，每天选择胎宝宝胎动活跃的时间，用手电筒通过孕妈妈腹壁照胎宝宝头部，时间不要过长，每次 5 分钟。胎宝宝在黑洞洞的子宫里，看到这束光线，他会转头、眨眼，表示他看到了光明。

重要的是，进行光照刺激时要关注胎宝宝的情绪，如果胎宝宝出现了躁动，表明他对光照感到不快，孕妈妈应立即停止。但胎宝宝轻轻蠕动，则表明他在努力地探寻这一线光明，孕妈妈可安心地将这束光明持续 5 分钟。

日光浴

如果是夏天，孕妈妈的衣衫单薄，孕妈妈进行日光浴时，胎宝宝就可透过腹壁感觉出光线强弱的变化。

完美准爸爸训练营

准爸爸陪孕妈妈进行日光浴时，记得帮孕妈妈带点热水，以防孕妈妈口渴。时间最好选择在上午 9 点至 10 点之间，这时的太阳不会太强烈，以免孕妈妈被晒伤。

第199天

种下《满山的玫瑰花》

小时候，每当睡觉前，我们最期待的就是听妈妈讲童话故事。现在，我们就要做妈妈了，让我们也把这些美好的童话故事讲给胎宝宝听吧。

小熊很爱种花。

他爱给花浇水，施肥，他每天看着花儿吐蕾、开放，和花儿讲着悄悄话。

春天到了，小熊种的玫瑰发芽了，他每天仔细地培土，浇水，玫瑰慢慢地吐叶了，抽了新枝。

终于有一天，玫瑰枝头出现很多小花蕾，小熊高兴极了，和弟弟一起数啊数，一共26朵小花骨朵。

花骨朵在一天天地长大。

可就在这时，一次小熊上山把脚扭伤了，他只能在家里好好地养着。

一转眼，春天过去了，当小熊伤好后，走到门外，夏天都快过去了，门前的玫瑰已是绿油油的一片，已经看不到一个花蕾了。

熊弟弟惋惜地说："哥哥，你的玫瑰可是白种了，一朵都没看到。"

这时，一只蜜蜂飞过来，她对小熊说："小熊，你的玫瑰真的太美了，还有很多花蜜。"

一只黄莺飞来，说："小熊，你的玫瑰像星星一样美，每次看到这花儿，我都忍不住要唱歌呢。"

一阵清风吹过来，"小熊，你种的玫瑰真香啊，我带着香味吹遍整个森林，每个人都快乐地欢迎我呢。"

小熊高兴地笑起来，他对弟弟说："我的花真的没有白种啊。"

完美准爸爸训练营

虽然不能为孕妈妈种下满山的玫瑰花，准爸爸可以在你们小小的阳台上种几盆好养的绿植，既能净化空气，又很赏心悦目呢。

第 200 天
漂亮的球形蝴蝶结

如果读故事读累了，孕妈妈今天不妨就给嘴巴放放假，动动手，给胎宝宝做一个漂亮的球形蝴蝶结吧。以后再给别人送礼物的时候，你也可以自己包装了呢。

1 把长度 1.5 米的丝带绕出直径 10 厘米大的圆圈，重复 5~6 次。

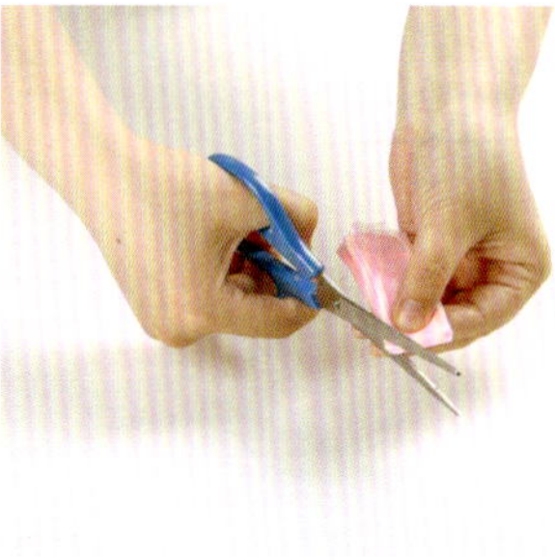

2 用手指压住中部，如图所示，用剪刀修出角度。

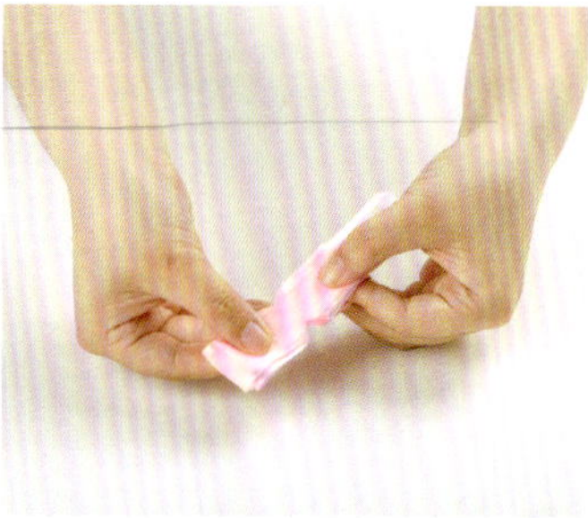

3 把剪好的部分重叠到中间对齐。

4 用另外准备好的一条 10 厘米长的丝带系住中央部分。

5 从里到外，将丝带从里面拉出来，左右交替着把所有上部的丝带都翻出来。

6 把下部的丝带也用相同的办法拉出来，然后整理好，一个球形蝴蝶结就完成了。

完美准爸爸训练营

生日、结婚纪念日、情人节、圣诞节……没办法，女人就是很爱这些节日，准爸爸一定要在这些节日时送孕妈妈一些小礼物，如果在礼物上系上你亲手做的蝴蝶结，那就更棒了。

第 201 天

宝宝来学《三字经》

孕晚期的胎宝宝更喜欢有韵律的声音刺激，孕妈妈可以随时给胎宝宝朗读一些朗朗上口、节奏抑扬顿挫的文学作品，在宝宝还未出生前就打下良好的语言基础。

《三字经》节选

人之初，性本善。性相近，习相远。苟不教，性乃迁。教之道，贵以专。

昔孟母，择邻处。子不学，断机杼。窦燕山，有义方。教五子，名俱扬。

养不教，父之过。教不严，师之惰。子不学，非所宜。幼不学，老何为。

玉不琢，不成器。人不学，不知义。为人子，方少时。亲师友，习礼仪。

香九龄，能温席。孝于亲，所当执。融四岁，能让梨。弟于长，宜先知。

首孝弟，次见闻。知某数，识某文。一而十，十而百。百而千，千而万。

三才者，天地人。三光者，日月星。三纲者，君臣义。父子亲，夫妇顺。

曰春夏，曰秋冬。此四时，运不穷。曰南北，曰西东。此四方，应乎中。

曰水火，木金土。此五行，本乎数。十干者，甲至癸。十二支，子至亥。

曰黄道，日所躔(chán)。曰赤道，当中权。赤道下，温暖极。我中华，在东北。

曰江河，曰淮济。此四渎，水之纪。曰岱华，嵩恒衡。此五岳，山之名。

曰士农，曰工商。此四民，国之良。曰仁义，礼智信。此五常，不容紊。

地所生，有草木。此植物，遍水陆。有虫鱼，有鸟兽，此动物，能飞走。

稻粱菽(shū)，麦黍稷(jì)。此六谷，人所食。马牛羊，鸡犬豕。此六畜，人所饲。

曰喜怒，曰哀惧。爱恶欲，七情具。青赤黄，及黑白。此五色，目所识。

酸苦甘，及辛咸。此五味，口所含。羶(shān)焦香，及腥朽。此五臭，鼻所嗅。

匏(páo)土革，木石金。丝与竹，乃八音。曰平上，曰去入。此四声，宜调协。

完美准爸爸训练营

《三字经》这么长，孕妈妈一个人学习可能难以坚持，准爸爸可以和孕妈妈通过一人说上句，另外一人接下句的形式帮助记忆，这样也会更有趣。

第 202~203 天
轻快的口哨曲《康定情歌》

在心情沉闷的时候，听一首轻快的口哨曲，心情会大有改善。《康定情歌》的曲调优美，节奏明快，是一首爱情颂歌，通过悠扬、清新的口哨曲将那份真情切意渲染得惟妙惟肖。孕妈妈听这首曲子的时候，是不是想到了自己的爱情？将那份甜蜜和胎宝宝一起分享吧。

跑马溜溜的山上，一朵溜溜的云哟；
端端溜溜地照在，康定溜溜的城哟；
月亮弯～弯～康定溜溜的城哟。
李家溜溜的大姐，人才溜溜的好哟；
张家溜溜的大哥，看上溜溜的她哟；
月亮弯～弯～看上溜溜的她哟。
一来溜溜地看上，人才溜溜的好哟；
二来溜溜地看上，会当溜溜的家哟；
月亮弯～弯～会当溜溜的家哟。
世间溜溜的女子，任我溜溜的爱哟；
世间溜溜的男子，任你溜溜的求哟；
月亮弯～弯～任你溜溜的求哟。

完美准爸爸训练营

准爸爸用口哨吹出这首欢快的旋律吧，如果不会也没关系，那就为孕妈妈和胎宝宝轻轻哼唱吧。

爱情多么甜蜜，有了胎宝宝变得更幸福。

第 204 天

思维游戏：帮帮小动物

今天就放松一下，做点小游戏吧。现在有两只小动物需要孕妈妈来帮点忙，孕妈妈也可以在帮助它们的同时，拿出画笔来给下面的图画涂上颜色。

1. 夜深了，小熊该睡觉了，可是它找不到它的床，孕妈妈来帮它找找吧。

2. 小猫看到鱼缸里有一条小鱼，它怎样才能抓到小鱼呢？

完美准爸爸训练营

涂色游戏不妨由准爸爸和孕妈妈一起完成，一人涂一边，看看谁的想象力更丰富。

小宝宝，藏猫猫，蹑手蹑脚静悄悄。你藏好，不要笑，小心我把你捉到了。

第 205 天
英语儿歌 Beanbag

玩游戏是最让人放松的活动，当孕妈妈有意识地对胎宝宝说一些“玩”“游戏”等词语的时候，可以调动胎宝宝积极的情绪。现在来告诉胎宝宝英文的“玩”“游戏”怎么说吧。等宝宝上了幼儿园，就会跟小朋友们一起做很多好玩的游戏，这首《豆子袋》里有很多简单的英文单词，孕妈妈给胎宝宝读一下，看看珍妮、劳拉、玛丽和比利他们在玩什么游戏。

Beanbag	豆子袋
Beanbag, beanbag.	豆子袋，豆子袋，
Play a game of beanbag!	玩豆子袋的游戏！
Toss it first to Laura Lee.	先把它投给劳拉·李，
Then to Jenny then to me.	然后给珍妮，然后给我。
Beanbag, beanbag.	豆子袋，豆子袋，
Play a game of beanbag!	玩豆子袋的游戏！
Beanbag, beanbag.	豆子袋，豆子袋，
Play a game of beanbag!	玩豆子袋的游戏！
Toss it first to Mary Lou.	先把它投给玛丽·卢，
Then to Billy, then to you.	然后给比利，然后给你。
Beanbag, beanbag.	豆子袋，豆子袋，
Play a game of beanbag!	玩豆子袋的游戏！

完美准爸爸训练营

“豆子袋”游戏是不是很像我们小时候玩的丢沙包游戏，虽然孕妈妈现在不适合做剧烈的运动，准爸爸可以帮孕妈妈做一个沙包，让她想起童年的欢乐。做好后，准爸爸还可以陪她玩简化版的丢沙包游戏，二人分别坐在长桌子的两端，互相扔给对方，看谁接得准。

第 206 天
有趣的《数字歌》

教胎宝宝认数字，可以和读儿歌结合起来，这样就可以一举两得。

数字歌

一二三，爬大山，
四五六，翻筋斗，
七八九，拍皮球，
伸出两只手，十个手指头。

拍手歌

你拍一，我拍一，一个小孩穿花衣。
你拍二，我拍二，两个小孩梳小辫儿。
你拍三，我拍三，三个小孩吃饼干。
你拍四，我拍四，四个小孩写大字。
你拍五，我拍五，五个小孩敲大鼓。
你拍六，我拍六，六个小孩吃石榴。
你拍七，我拍七，七个小孩坐飞机。
你拍八，我拍八，八个小孩吹喇叭。
你拍九，我拍九，九个小孩交朋友。
你拍十，我拍十，十个小孩站得直。

完美准爸爸训练营

准爸爸可以一边给胎宝宝读儿歌，一边和孕妈妈做拍手、对数游戏，这样才会更有趣。

对数儿歌

我说一，谁对一，哪个最爱把脸洗？
你说一，我对一，小猫最爱把脸洗。
我说二，谁对二，哪个尾巴像扇子？
你说二，我对二，孔雀尾巴像扇子。
我说三，谁对三，哪个跑路一溜烟？
你说三，我对三，兔子跑路一溜烟。
我说四，谁对四，哪个圆圆满身刺？
你说四，我对四，刺猬圆圆满身刺。
我说五，谁对五，哪个蹦跳上大树？
你说五，我对五，猴子蹦跳上大树。
我说六，谁对六，哪个扁嘴水里游？
你说六，我对六，鸭子扁嘴水里游。
我说七，谁对七，哪个叫人早早起？
你说七，我对七，公鸡叫人早早起。
我说八，谁对八，哪个鼻子长又大？
你说八，我对八，大象鼻子长又大。
我说九，谁对九，哪个天天沙漠里走？
你说九，我对九，骆驼天天沙漠里走。
我说十，谁对十，哪个耕地有本事？
你说十，我对十，黄牛耕地有本事。

第 207 天

锻炼想象力的字母画

英文中的 26 个字母，每个字母长得都不一样，每个字母都能让我们联想到一些事物，比如 A 像金字塔，B 像小葫芦，C 像孕妈妈的肚子……不仅如此，我们还可以根据字母的不同形状进行艺术创造，画出漂亮的字母画呢。这可是锻炼孕妈妈和胎宝宝想象力的好方法。

看看下面给出的例子，孕妈妈也赶快动手试试吧！

Elephant

Snake

Zebra

比如我们的“家”——family，你可以创作出怎样的一幅画呢？

完美准爸爸训练营

准爸爸找两张质感稍好的白纸，和孕妈妈每人创作一幅漂亮的字母画，然后由准爸爸将它们装裱起来，挂在家中合适的位置，将来可以让你们的宝宝欣赏欣赏呢。

孕1月 孕2月 孕3月 孕4月 孕5月 孕6月 孕7月 孕8月 孕9月 孕10月

第 208 天
发现《玻璃窗内外的喜悦》

胎宝宝现在的感受力是很强的，因此，要想让你的胎宝宝将来具有广泛的生活情趣，首先就要培养你自己的生活情趣。从冰心的文字中，我们不难找到很多生活中的小快乐。只要你多留心一下，你会发现生活的每个角落都蕴藏着喜悦，多发现一些，你自然就会多快乐一些！

我的“堂屋”，南方人叫作“大厅”的，外面没有凉台，阳光直射，而且那扇大玻璃窗，大得几乎占了半片南墙，因此非常明亮。

三天以来，每晨七时，我吃早饭的时候，窗外一定有只黄豆大小的蜘蛛，挂在窗前上部，我看不见那纤细的蛛网，只看到那只不时蠕动着的蜘蛛，它是昨夜在我窗外吃蚊蝇的，早晨还来不及走，我觉得它非常、非常的可爱。可是早晨一过它便不见了，大概太阳一出来，它又回到窗外墙角窝里去了吧。总之，从此每天早晨一见到它，我这半天就感到高兴。

在这个窗台上，我还摆上一大盆向阳花，若是阴天下雨，盆里就只见满盆的细叶。只要有一点阳光，这一满盆的橘黄和浅红的五瓣的小花，立刻一齐开放出来，争妍斗艳，也使我非常非常喜悦！

我喜欢阳光！天气的阴晴总会影响我的情绪，阴天或下雨，我的心情就不开朗，无端地惆怅抑郁。可是太阳花一开始开放，我就知道太阳一定出来，我这一天就欢畅了起来。

——节选自冰心《玻璃窗内外的喜悦》

完美准爸爸训练营

准爸爸把家里的玻璃擦干净一些，阳光好的时候，可以陪孕妈妈在窗台下晒晒太阳；下雨的时候，可以和孕妈妈一起听听窗外的雨声。

第 209~210 天 欣赏窗花剪纸

剪纸是一种非常普及的民间艺术，千百年来深受人们的喜爱，它的品种和内容也丰富多彩，新春佳节时，许多地区的人们喜欢在窗户上贴上各种剪纸，因为是贴在窗户上的，所以人们一般称其为“窗花”。

窗花的内容丰富，题材广泛。今天，孕妈妈就和胎宝宝来欣赏这一极具艺术特色的窗花吧。你是否感觉到了小时候过节的热烈气氛？这个春节，不妨也动手剪窗花吧，不一定要多漂亮，最重要的是表达一种美好的愿望。

完美准爸爸训练营

准爸爸可以买来漂亮的窗花剪纸装饰你们的小窝。如果孕晚期正好赶上春节，孕妈妈不能出远门也不能去人群过多的地方，准爸爸就要在家为孕妈妈过一个难忘的春节：为她自编自演一场春节晚会，或者拍一组有创意的纪念照。

第211天
《小红花》的手指操

胎宝宝就像孕妈妈种下的一朵美丽的小花，带着孕妈妈和准爸爸的期望，绽放出最美的笑容。今天孕妈妈就来做一做手指操《小红花》吧。

花园里，1
篱笆下，2
我种下一朵小红花。3
春天的太阳当空照，4
春天的小雨沙沙下，5
小红花张嘴笑哈哈。6

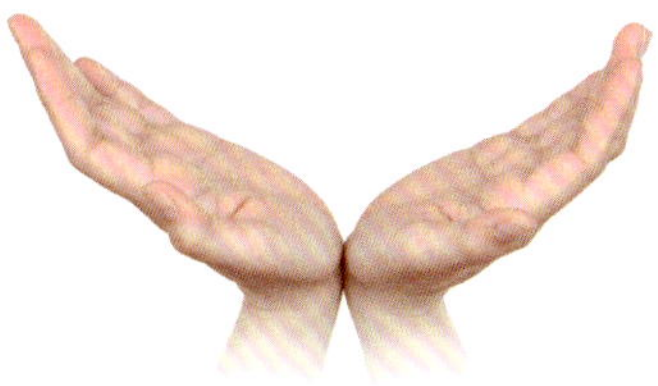

1 双手手腕相碰，手掌向外打开。

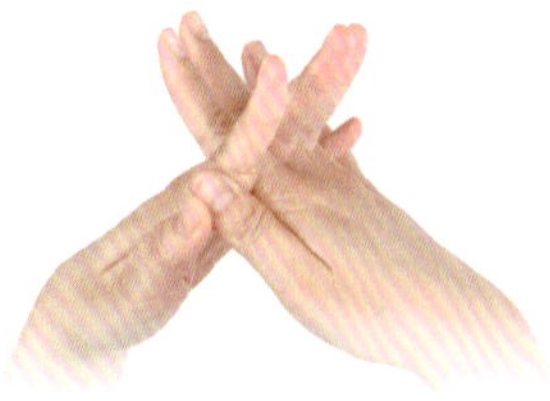

2 双手十指伸出，交叉在一起。

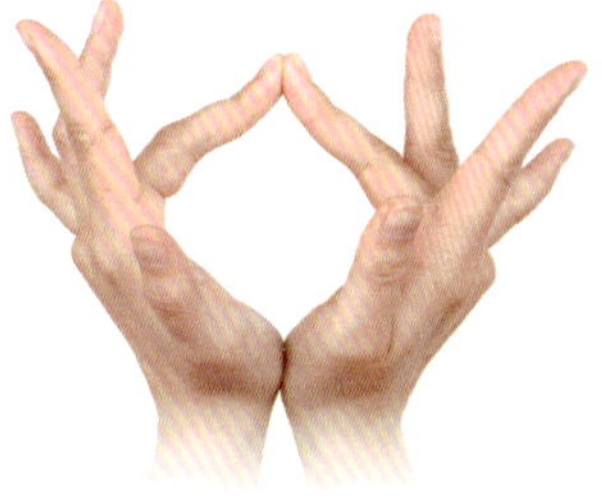

3 双手掌心相对，腕部相接，中指指腹相触，其余手指自然打开。

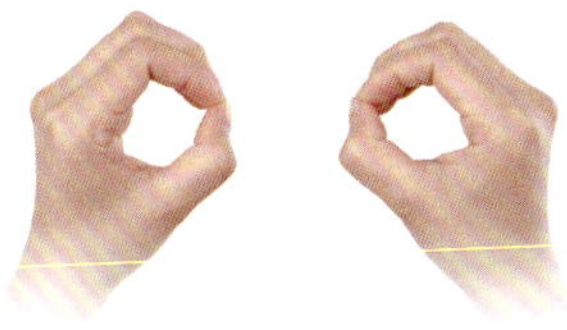

4 举高双手，两手拇指食指围成圆形，其余手指自然弯曲。

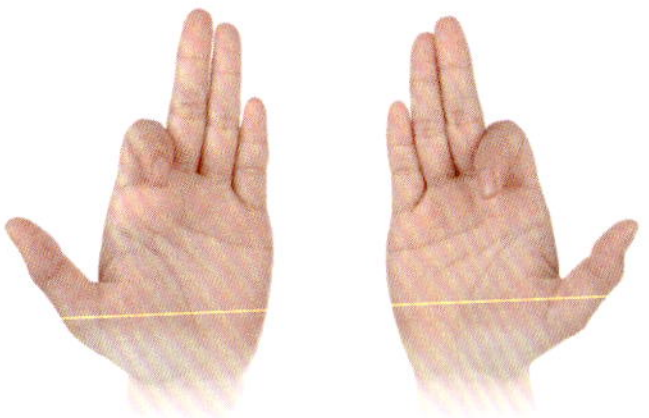

5 双手掌心朝自己，从小指到拇指依次弯曲。

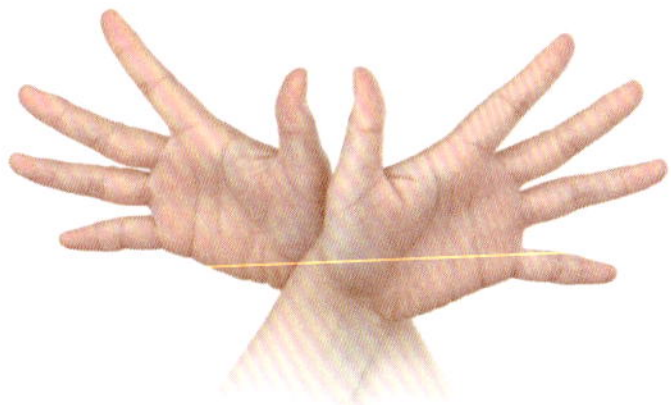

6 双手手腕交叉，五指自然分开做腕花，然后抖动手指。

完美准爸爸训练营

两人一起看电视时，出去散步时，准爸爸都可以给孕妈妈揉揉手指，让孕妈妈从手上一直舒服到心里。

第 212 天
英语脑筋急转弯

经过 8 个多月与胎宝宝一起学习，孕妈妈现在的英语应该不错了，现在就来测试一下，做做英语脑筋急转弯，注意，答案也是英语的，要从英语单词的角度考虑才行。

1. What will you break once you say it?
（什么东西一说出来就打破？）

2. Why did the boy make his dog sit in the sun?
（男孩为什么让他的狗坐在阳光下？）

3. Why is the library the highest building?
（为什么图书馆是最高的建筑物？）

4. Who is closer to you, your mom or your dad?
（谁跟你比较亲密，你的妈妈还是你的爸爸？）

5. What month do soldiers hate?
（军人憎恨什么月？）

6. Where did the egg floating down the Mississippi River come from?
（漂浮在密西西比河上的鸡蛋是从哪儿来的？）

7. A police officer had a brother ,but the brother had no brother. How could that be?
（一个警察有个弟弟，但弟弟却说自己没有哥哥。这是怎么回事呢？）

8. Why is an empty purse always the same?
（为什么空钱包总是一个样子的？）

（答案见本页）

完美准爸爸训练营

孕妈妈猜不出来时，准爸爸可以先用一个单词提醒一下，不要让孕妈妈立刻就去看答案哦，那样就不好玩了呢。

答案：1.Silence.（沉默）2.He wants to have a hot dog.（他想要一条热狗。）3.It has the most stories.（它的楼层最多。Story：故事，楼层）4.Mom is closer,because Dad is father.（因为爸爸是父亲，所以妈妈比较靠近。Father：父亲，更远的）5.March（三月，行军）6. From a hen.（从母鸡那儿来）7. Because the police officer is a woman.（因为警察是个女人）8.There is no change in it.（因为里面没有零钱。change：零钱，变化）

第 213 天
充满爱的《摇篮歌》

对花香有爱，对星辰有爱，对白云有爱，对风雨有爱，宝宝呀，在爱的体悟中美美地睡一觉吧，美丽的梦境正在等待着你，而你也是妈妈最美最美的梦！

胎宝宝是孕妈妈心
中最美丽的那颗星。

春天的花香真正醉人，
一阵阵温风拂上人身，
你瞧日光它移得多慢，
你听蜜蜂在窗子外哼：
睡呀，宝宝，
蜜蜂飞得真轻。
天上瞧不见一颗星星，
地上瞧不见一盏红灯；
什么声音也都听不到，
只有蚯蚓在天井里吟：
睡呀，宝宝，
蚯蚓都停了声。

一片片白云天空上行，
像是些小船飘过湖心，
一刻儿起，一刻儿又沉，
摇着船舱里安卧的人：
睡呀，宝宝，
你去跟那些云。
不怕它北风树枝上鸣，
放下窗子来关起房门；
不怕它结冰十分寒冷，
炭火生在那白铜的盆：
睡呀，宝宝，
挨着炭火的温。

——朱湘

完美准爸爸训练营

孕妈妈读诗歌时，准爸爸可以放点轻柔的音乐配合孕妈妈，或者给她揉揉背。

第214天

《月亮》代表我的心

亲爱的宝宝，如果你问我爱你有多深，妈妈真的不知道该如何回答。妈妈对你的爱像一首歌，像一幅画，像一篇优美的文章。今天妈妈就给你读一篇散文《月亮》吧，这是乌拉圭女作家胡安娜·伊瓦沃罗的作品，胡安娜也是一位妈妈呢。

今晚的月亮又圆又亮，正巧位于井口上方，恰好投射在黑薄饼似的井水中央。此时此刻，老园丁正趁着明亮的月光灌溉花草。这幅景象我们从不错过，因为小果园和花园在一月的皎月之夜美丽无比，清凉的井水使花朵具有一种令人心灵平静的美，快乐而洁净的美。我儿子最先发现井中的月亮。我们把身子俯在苔藓和铁丝蕨丛生的井栏上往里探望，恨不能把手伸到那块由月光铸成的并非真实存在的金币上。但是听到园丁那刺耳的木屐声，我们只好稍稍离开些井口。

“胡安要打水浇花了……”

老园丁解开井绳，慢慢地把水桶钩起，把它送到井里。我们下意识地、怀着激动的心情重新俯向井栏。水桶已经提上来，水满满的，闪着光亮；水极清凉，黑水上荡着金色的水波。金水波间夹着银水波。井里的月亮不见了，只有无数根颤动的光线。园丁把月亮打碎了。他提着装满月光和水的水桶，像粗暴的上帝一样沿着小径扬长而去。而在黑水颤动的井里，白色的光线又慢慢凝聚成一枚金色的圆币。

完美准爸爸训练营

孕妈妈读完了散文，准爸爸唱一首《月亮代表我的心》给孕妈妈和胎宝宝听吧。在怀孕期间，也要经常告诉孕妈妈，你非常爱她。

第215天 欢快的《糖果仙子之舞》

胎宝宝就像孕妈妈的小天使，每一次的胎动就像在妈妈的肚子里舞蹈。是中国风的民族舞，还是国际范儿的芭蕾舞？让我们先来听听糖果仙子在跳什么舞曲。

这样听名曲

这是柴可夫斯基著名的芭蕾舞剧《胡桃夹子》中第二幕的一首舞曲，光听曲名就令人心驰神往。

音乐讲述了圣诞节的夜晚，剧中的小女孩梦见自己的圣诞礼物胡桃夹子变成了一位英俊的王子和老鼠军队大战，正当老鼠快要获胜的时候，小女孩拿起拖鞋向老鼠扔过去，因而打败老鼠军。王子为了答谢小女孩的救命之恩，就带她到由各种糖果做成的“糖果仙国”宫殿中，享受各种美味可口的糖果。而《糖果仙子之舞》正是小仙子们欢迎小女孩所跳的舞。

宝宝越听越聪明

孕妈妈在听的时候可以在脑中想象仙子们的美丽舞蹈，并与自己的胎宝宝联系起来，勾勒一下胎宝宝的样子，想象他将来学习舞蹈时的可爱模样，你心中的这份甜蜜感觉也会传递给腹中的胎宝宝。

胎宝宝就像一个小精灵。

完美准爸爸训练营

下载一段《胡桃夹子》的芭蕾舞视频给孕妈妈欣赏，准爸爸还可以模仿一下跳芭蕾舞，逗孕妈妈和胎宝宝开心。

第 216~217 天
古诗中的夏天

今天，孕妈妈来欣赏一下古人对夏天的描述，除了感受诗歌美丽的意境外，孕妈妈可以轻声朗读诗词。精炼的句子和诗人丰富的情感，可以让你和胎宝宝充分获得美的享受。

孕妈妈可以根据诗意，画出心中夏日的景色，或做一幅剪贴画，记录下此时此刻的心情。这样清新的感觉一定会充满心中，胎宝宝也必定会随之平静下来。

小池

（宋）杨万里

泉眼无声惜细流，树荫照水爱晴柔。
小荷才露尖尖角，早有蜻蜓立上头。

约客

（宋）赵师秀

黄梅时节家家雨，青草池塘处处蛙。
有约不来过夜半，闲敲棋子落灯花。

晓出静慈寺送林子方

（宋）杨万里

毕竟西湖六月中，风光不与四时同。
接天莲叶无穷碧，映日荷花别样红。

六月二十七日望湖楼醉书

（宋）苏轼

黑云翻墨未遮山，白雨跳珠乱入船。
卷地风来忽吹散，望湖楼下水如天。

初夏绝句

（宋）陆游

纷纷红紫已成尘，布谷声中夏令新。
夹路桑麻行不尽，始知身是太平人。

曲院风荷

（清）陈璨

六月荷花香满湖，红衣绿扇映清波。
木兰舟上如花女，采得莲房爱子多。

完美准爸爸训练营

夏天天气热的时候，准爸爸可以为孕妈妈榨一杯新鲜的果汁；冬天天冷的时候，准爸爸可以为孕妈妈准备一个暖手袋。关爱就在一年四季的生活细节中。

第218天 有趣的动物儿歌

胎宝宝很喜欢小动物，那就多给他读几首有关动物的儿歌吧。

小青蛙

小青蛙，呱呱呱，
哭着哭着找妈妈。
燕子哄，蜻蜓劝，
一起说着悄悄话：
你的妈，我的妈，
田间捉虫护庄稼，
我们一起玩，
长大学妈妈。

猫咪的胡子

我笑猫咪不像话，
生来就想当爸爸。
猫咪趴到我耳边，
跟我说句悄悄话；
没有胡子像娃娃，
老鼠见了不害怕！

一只小蜜蜂

一只小蜜蜂呀，飞到花丛中呀，飞呀，飞呀。
两只小耗子呀，跑到粮仓里呀，吃呀，吃呀。
三只小花猫呀，去抓小耗子呀，追呀，追呀。
四只小花狗呀，去找小花猫呀，玩呀，玩呀。
五只小山羊呀，爬到山坡上呀，爬呀，爬呀。
六只小鸭子呀，跳到水里面呀，游呀，游呀。
七只小百灵呀，站在树枝上呀，唱呀，唱呀。
八只小孔雀呀，穿上花衣裳呀，美呀，美呀。
九只小白兔呀，竖起长耳朵呀，蹦呀，蹦呀。
十个小朋友呀，一起手拉手呀，笑呀，乐呀。

完美准爸爸训练营

孕妈妈读完儿歌，准爸爸可以模仿儿歌中的动物模样给胎宝宝和孕妈妈看，这样胎宝宝会更开心。

第219天

指印画动物园

将来你的宝宝肯定非常喜欢去动物园玩，那里有可爱的袋鼠妈妈、美丽的孔雀、威风的老虎和狮子……现在，孕妈妈用你的十个手指就能为胎宝宝画出这些动物，是不是很神奇？

孕妈妈在画的时候，可以告诉胎宝宝你正在画的是什么动物，它长什么样，这样胎宝宝就记得更清楚了。

完美准爸爸训练营

准爸爸可以和孕妈妈一起来创作指印画，还可以讲讲这些动物的习性给胎宝宝听。画完画，记得端来温水让孕妈妈洗洗手啊。

第220天

可爱的《小瓢虫旅行记》

胎宝宝在妈妈的肚子里，很想知道妈妈肚子外面的世界是什么样子，就像故事里的小瓢虫一样，可是他被大象妹妹吓回家了，这是怎么回事呢？孕妈妈来给胎宝宝读一读吧。

小瓢虫的家在一朵美丽的金盏花中，他的小床是金色的花蕊，早餐就是甜甜的花蜜，这可真是一个舒适的家。可是他还是想飞出家门看看外面的世界。和妈妈说了声“再见”，他就飞出了金盏花。

金色的阳光照着，和煦的轻风吹着，小瓢虫可高兴了。

小瓢虫飞累了，看见前面有两块大石头，就停下来休息。他刚从石头上滑下来，石头竟然动了一下，小瓢虫急忙飞了。

小瓢虫飞呀飞呀，飞到一大片绿色的草地上，草地上开满了鲜花，有红的、黄的、还有白的，真美。可当他靠近小花才发现，这里的花都是扁扁的，花儿虽然很漂亮，却没有花香，也没有花蜜。

小瓢虫继续飞，飞呀飞呀，飞到一个山顶上，山顶上面有一座大房子呢！他就坐在大房子里休息了一会儿。

小瓢虫又往前飞，这次，他看见了一个长长的山洞，往里一瞧，黑洞洞的，什么也看不清。小瓢虫正想往里钻，忽然从洞里刮起一股风，把小瓢虫吹得很远很远。

小瓢虫慌慌张张回到家，对妈妈说：“妈妈，妈妈，还是自己的家最好，我到外面看见了会动的石头，扁扁的花，大大的房子，还碰见了会刮风的山洞。”

小瓢虫不想继续到外面探险了。但他不知道的是，就在他回到家的那个时候，象妹妹也回到了家。

象妹妹兴奋地对象妈妈说：“妈妈，妈妈，外面真有趣，我碰见了一只小瓢虫，他还和我一起玩游戏呢：挠挠我的脚趾头，弄得我好痒；闻闻我的小花裙，好像要吃花蜜；钻进我的大耳朵，还碰碰我的鼻子尖，让我打了一个大喷嚏呢！”

象妹妹盼着下次再见到小瓢虫，可是她哪里知道，小瓢虫已经被她吓得不敢出门啦。

完美准爸爸训练营

孕妈妈读故事时，记得给她准备一杯白开水。读完了故事，准爸爸可以出个小谜语让胎宝宝猜一猜：身体半球形，背上七颗星，蚜虫怕见它，棉花最欢迎。

第 221 天
折一只小瓢虫

故事中的小瓢虫是不是很可爱？孕妈妈还可以动动手，折出一只漂亮的小瓢虫。

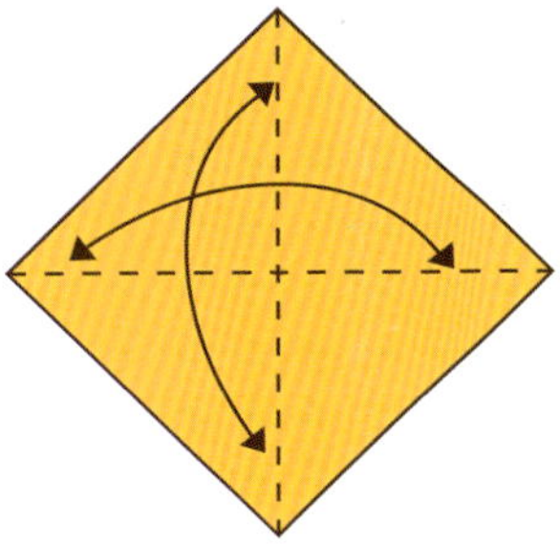

1 用正方形纸，沿虚线向箭头方向折出折痕。

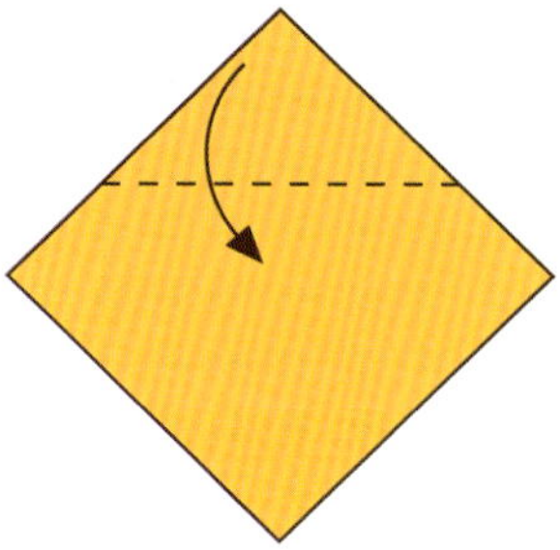

2 沿虚线向箭头方向折。

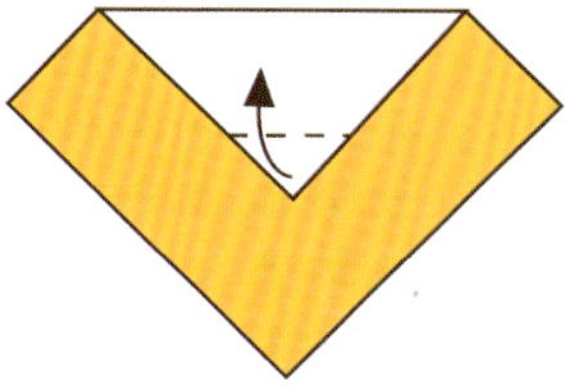

3 沿虚线向箭头方向折。

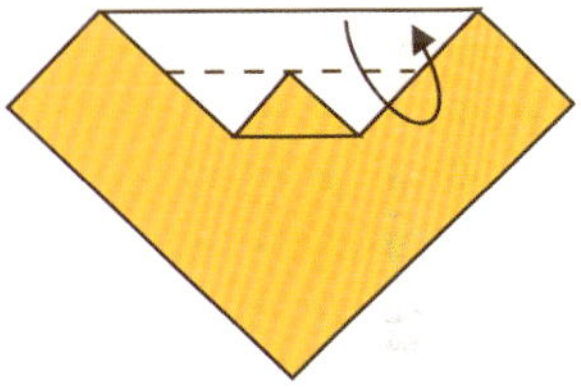

4 按虚线向内折。

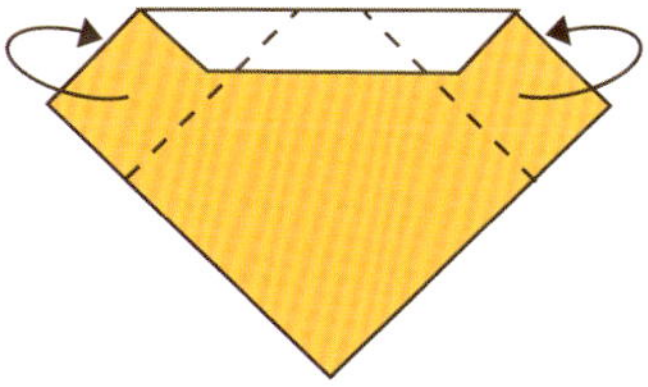

5 按虚线向内折。

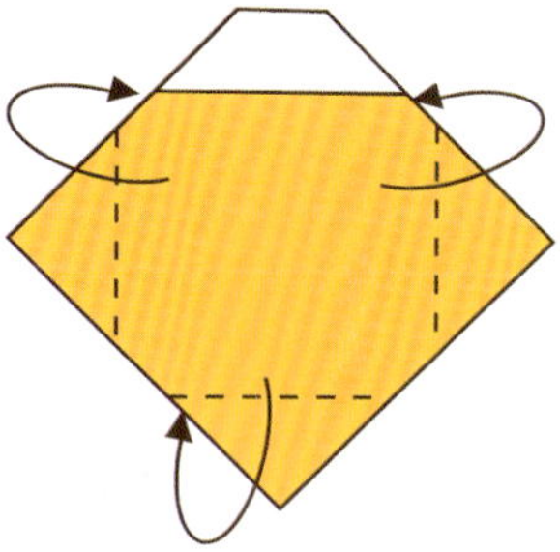

6 按虚线向内折。

7 画上眼睛和身体上的黑点。

完美准爸爸训练营

准爸爸可以和孕妈妈一起动手折三只瓢虫，两只大点的，一只小点的，三只瓢虫在一起就是快乐的一家人了。

第 222 天
孕妈准爸《天仙配》

戏曲是中华民族文化的一部分，它有博大的内涵，悠长的韵味。今天，孕妈妈和胎宝宝就来欣赏一段黄梅戏《天仙配》的名段《夫妻双双把家还》吧。

黄梅戏《天仙配》，讲述的是七仙女和董永的爱情故事。穷书生董永卖身葬父，七仙女在天上看到了人间的情况，同情爱怜之余，不顾天规，并在大姐的帮助下，下凡与董永结为夫妻，并用仙术将董永的工期由三年缩短为百日，夫妻二人工满回家，对未来生活充满憧憬，《夫妻双双把家还》就是他们在回家路上的唱词：

女：树上的鸟儿成双对，
男：绿水青山绽笑颜；
女：从今再不受那奴役苦，
男：夫妻双双把家还；
女：你耕田来我织布，
男：我挑水来你浇园；
女：寒窑虽破能抵风雨，
男：夫妻恩爱苦也甜；
男女：你我好比鸳鸯鸟，比翼双飞在人间。

相信孕妈妈都听过这熟悉的唱段，曾有不少歌唱家在音乐会上演出。孕妈妈可以仔细感受：舒展的旋律，浓郁的韵味，在欢悦跳跃的弦乐伴奏下，吐露了二人内心的喜悦。

完美准爸爸训练营

准爸爸可以和孕妈妈共同配合演唱这段戏曲，在演唱中向她表达你对她的爱。在怀孕的这段时间，“挑水浇园”这样的工作都要由准爸爸来做哦。

第223~224天

温馨的《洗澡》画面

卡萨特的生平经历是印象派画史上有趣的一篇。她是美国人，后来到法国学画。卡萨特从未结过婚，也没有生过儿女，她一生却画了许多有关母爱的画作。她对母亲和儿女在日常生活中的亲密事情有着特殊的感情。在下面这幅《洗澡》的画作中，丰富柔和的色调给人母爱亲情的温情柔意。

《洗澡》是为世人熟悉的一幅名画，构图完整周到，画家以俯视视角描绘母亲小心地为女儿洗脚的情景，人物动作比较自然舒展。画法更多为传统用笔用色，严谨、单纯。女孩的身体画得圆浑柔软，体现了女画家坚实的造型功力。由于视点放得高，地毯装饰成了画中人物的背景，显示出一定的装饰性效果。

完美准爸爸训练营

看了这样温馨的画面，准爸爸也打来热水为孕妈妈洗洗脚吧，不要觉得不好意思，懂得爱妻子的男人才是真正的大男人。

孕9月

心柔柔的，爱暖暖的

到了这个月，胎宝宝的表情丰富起来了，他会打哈欠、揉鼻子，甚至挤眉弄眼，孕妈妈是不是很期待见到宝宝的小样子？算算时间，用不着等多久了。

胎宝宝的成长速度以日计算，到本月末，他的体重将增长到相当于 1 个小西瓜的重量。

快要见到宝宝了，这是让孕妈妈既期盼又紧张的事情。而孕妈妈焦躁不安的情绪极有可能影响胎宝宝后期发育而造成早产。所以，孕妈妈不要给自己太多压力，调整好心态，为分娩做好准备。

让胎宝宝在暖暖的爱意中离孕妈妈越来越近。

第 225 天
按时产检

离预产期越来越近，按时产检很有必要，这有助于孕妈妈随时了解胎宝宝和自身的健康状况。

孕 9 月健康生活宜忌

宜

孕妈妈必须补充足够的铁和钙。孕期全程都需补钙，但胎宝宝体内的钙一半是在最后两个月储存的，如果第 9 个月里钙的摄取不足，胎宝宝就会动用母体骨骼中的钙，从而影响孕妈妈的健康。

33~36 周，孕妈妈需每 2 周做 1 次产检，到 37 周后就需要每周做 1 次产检了。

积极乐观的情绪不仅能产生有益物质，令孕妈妈的身体处于最佳状态，有益于胎盘的血液循环供给，促使胎宝宝稳定的生长发育。而且，还可以使胎宝宝的活动缓和而有规律。

忌

孕妈妈如果便秘情况严重，需要服用泻药，在药品的选择上一定要谨慎。膨胀性泻药内含大量纤维，能吸收水分，软化粪便，轻度刺激肠蠕动，缩短排便时间，可酌情选取。不过，到了妊娠末期，应绝对禁用泻药。

注意观察早产征象，如伴随着腹部阵痛、有无阴道流血。早产时阴道流出血的颜色大多像月经血，但只要腹部发硬就应提高警惕。

避免单独外出，更不要外出太久，过度劳累。

孕妈妈用药一定要遵从医嘱。

完美准爸爸训练营

到了孕晚期，每次产检准爸爸都要陪孕妈妈一起去。提前做好准备工作，帮孕妈妈带齐所需物品，记得带上装满热水的保温杯，让孕妈妈从胃里暖到心里。

第226天 烦恼的时候试一试

烦恼的时候，请你尽你所能，安静下来，仔细想一想下面的问题。

地球有多大？太阳系有多大？银河系有多大？宇宙有多大？

如果是晚上，你还可以仰望天空，去寻找一颗星星，望着它，重复想上面的问题。

确实，我们是宇宙中小而又小的一粒微尘，过去有多远，将来有多长，我们从来不知道，我们拥有的只有现在，拥有此时此刻在你身体里生长的小生命——你的生命有多久，他的生命有多久？与地球不可计量的寿命比起来，是不是显得更加珍贵？

天啊，人是多么小！有什么可以再烦恼的？

一些很大的数字

1．宇宙有多少岁了？

大约150亿岁，注意，是150亿。

2．离我们最远的星系有多远？

大约130亿光年，也就是说，如果从地球向那个星球发射一束光，光以每秒30千米的速度传播，仍需要130亿年的时间。

3．太阳离银河系的中心有多远？

2.8万光年。

4．银河系外有多少个天体？

目前已知的河外星系已经有上千亿个，并且所有星系都是由数十亿甚至上亿颗恒星以及星云和星际物质组成。

一个很小的数字

你的胎宝宝几个月了？

这个，你最清楚了。十个月的孕期并不十分漫长，特别是为了迎接一个可爱的小生命，十个月的等待又算得了什么？

完美准爸爸训练营

孕妈妈不开心的时候，准爸爸可以用转移注意力的方法帮助孕妈妈调节心情，比如陪她一起去给你们的宝宝买一些将来要用的小衣服、小鞋子，和她讨论一下给你们的宝宝起个什么样的名字。

第 227 天
“推敲”唐诗

今天，再来诵读一首唐诗吧。唐诗韵律优美，意境深远，对陶冶情操非常有好处。科学家告诉我们，要保持身心健康，就要适当丰富人们的精神活动。因此，广泛的情趣对改善大脑的功能有着极为重要的作用。

题李凝幽居

（唐）贾岛

闲居少邻并，草径入荒园。
鸟宿池边树，僧敲月下门。
过桥分野色，移石动云根。
暂去还来此，幽期不负言。

“推敲”的典故

贾岛是唐朝的著名诗人。他做学问的态度十分严谨，对每个词句都反复推敲，以求得到最好的作品。所以，他又是著名的“苦吟”诗人。

这首诗中“敲”字的得来，还有一段耐人寻味的典故，从中可以发现，诗人精益求精的审慎态度。

有一次，贾岛正琢磨着一句诗，拿不定主意是“僧‘敲’月下门”好，还是“僧‘推’月下门”好。正摇头晃脑，冥思苦想的时候，不知不觉，就骑着驴闯进了大官韩愈的仪仗队里。

韩愈问贾岛为什么乱闯。贾岛就把自己做的那首诗念给韩愈听，并说出自己对“推”“敲”的理解和无法把握。韩愈听了，哈哈大笑，对贾岛说：“我看还是用‘敲’好，万一门是关着的，推怎么能推开呢？再者，去别人家，又是晚上，还是敲门有礼貌呀！而且一个‘敲’字，使夜静更深之时，多了几分声响。静中有动，岂不活泼？”贾岛听了连连点头。他这回不但没受处罚，还和韩愈交上了朋友。

“推敲”从此也就成了脍炙人口的常用词，用来比喻做文章或做事时，反复琢磨，反复斟酌。

完美准爸爸训练营

孕妈妈读完了唐诗，准爸爸要把诗歌的含义讲给胎宝宝听啊，这样才能加深胎宝宝的印象。

第228天
美丽的剪纸蔷薇

又到了孕妈妈的动手时间，今天就用彩纸剪两支美丽的蔷薇花吧，可以用它来装饰餐桌、床头等地方，会很漂亮哦。

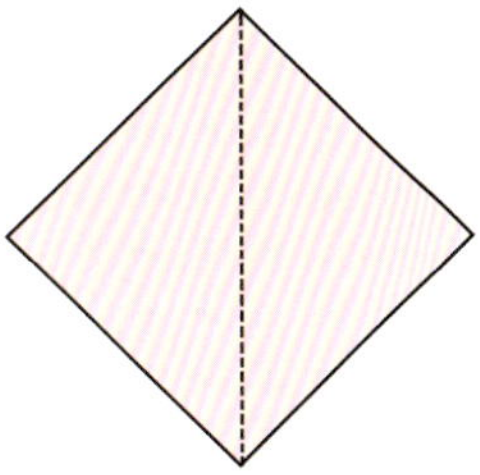

1 将一张正方形的彩纸沿对角线对折。

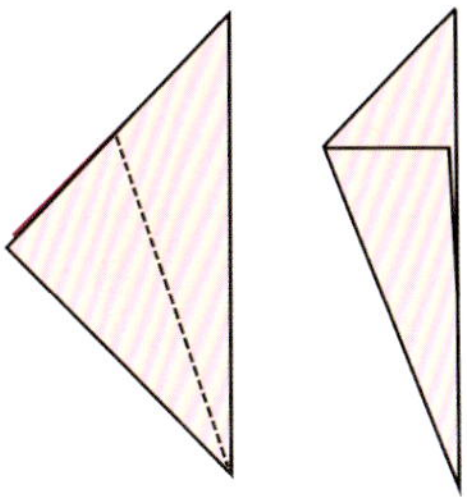

2 再沿图示虚线向内折叠。

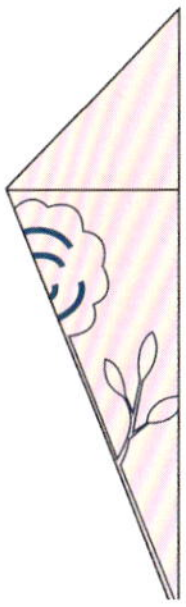

3 参照图示用笔画出蔷薇的形状。

4 按照画出的形状剪去多余的部分，展开即可。

蔷薇花

杜牧

朵朵精神叶叶柔，雨晴香拂醉人头。

石家锦障依然在，闲倚狂风夜不收。

完美准爸爸训练营

不需要每天都给孕妈妈买花，但是准爸爸可以每天早上给孕妈妈一个轻轻的吻，下班到家后再给她一个轻轻的拥抱，这就是最好的礼物。

第229天

胎宝宝学百科：鱼儿离不开水

胎宝宝生活在你温暖的子宫里，如一条胖胖的小鱼，但再过一个多月，他离开羊水后就开始用肺呼吸，而真正的鱼却不可以，那么，给胎宝宝讲一讲鱼是怎么回事。

鱼儿离不开水

除了极个别的鱼种可以暂时离开水面，鱼类都必须一直生活在水里。我们把鱼放到没有水的地方，鱼很快就不能呼吸了，这是为什么？

人用肺呼吸，鱼用鳃呼吸。鱼和人一样，必须呼吸氧气才能生存，空气和水中都有氧气，人的肺能分离空气中的氧气却无法吸取水中的氧气，所以人只能在陆地上生活。水中溶解的氧气比空气中少很多，鱼是怎样获得氧气的呢？

大多数鱼没有肺却有鳃。水中的氧气通过鱼鳃被吸入鱼的血管中，同时排出二氧化碳，这样鱼就可以呼吸到水中的氧气了。因为鱼鳃只能吸收水中微薄的氧气，不能从氧气密度大的空气中吸收氧气，所以鱼一旦离开水，没有办法吸氧，就会因为缺氧而死去。

完美准爸爸训练营

怀孕期间多吃点鱼对孕妈妈非常有好处，准爸爸今天就为孕妈妈做一道美味的鲫鱼炖豆腐吧，可以给孕妈妈补补钙。

鱼趣

会发声的鱼：康吉鲤会发出“吠”音；电鲶的叫声犹如猫怒；鲂鮄的叫声有时像猪叫，有时像呻吟，有时像鼾声；海马会发出打鼓似的单调音。石首鱼类的声音像碾轧声、打鼓声、蜂雀的飞翔声、猫叫声和呼哨声，它们的叫声在生殖期间特别常见，目的是为了集群。

会发电的鱼：有些鱼类的身体能发电，它们放出的电压，竟比我们生活用电的电压大好几倍。具有发电能力的鱼约有500种之多，如电鳐、电鲶、电鳗、长吻鱼等。各种发电的鱼，它们发出的电流强弱和电压高低都不同。

会发光的鱼：我国东南沿海的带鱼和龙头鱼是由身上附着的发光细菌发光，而更多的鱼类发光则是由鱼本身的发光器官所发出的光。

烛光鱼腹部和腹侧有多行发光器，犹如一排排的蜡烛，故名烛光鱼。深海的光头鱼头部背面扁平，被一对很大的发光器所覆盖，该大型发光器可能就起视觉的作用。

第 230~231 天

给各种各样的鱼涂色

知道了鱼儿怎样在水里呼吸，孕妈妈还可以教胎宝宝认认不同种类的鱼。大自然神奇而美丽，各种各样的鱼有着不同的形状、不同的色彩。今天孕妈妈就发挥想象力，给下面的鱼儿涂上五彩缤纷的颜色吧。

完美准爸爸训练营

准爸爸可以买回几条漂亮的小金鱼让孕妈妈欣赏，养金鱼是件非常陶冶情操的事情。不过金鱼不太好养，准爸爸要多费点心思呢。

第 232 天

一起读故事《小星星洗澡》

《小星星洗澡》是一个浪漫、温馨的童话故事，故事中的小星星善良而又充满坚毅的力量，它用自己的毅力换来了晴朗的夜空，使许多小星星可以重新恢复光亮。孕妈妈带胎宝宝来一起感受一下小星星那动人的光辉，并把这种光辉传承下去吧。

天上的小星星们每天都要到银河去洗澡，洗过澡后，它们一个个都亮闪闪的，非常漂亮。

这天晚上，小星星们又结伴去洗澡，可是乌云把银河盖住了，黑漆漆的一片。

“这么大的乌云，我们也搬不走，看来今天不能洗澡了。”小星星们议论着，“不如去听月亮姐姐讲故事吧，再晚就来不及了。”于是，小星星们都走了。

小星星用自己的辛苦换来了银河的明亮清澈。

可是，有一个小星星留了下来，它在想办法：“怎样才能让银河里的水露出来呢？”

忽然它灵光一现，有办法了！用剪刀把乌云剪开。于是，它拿出自己的小剪刀，费了好大的力气，才把乌云剪开一个口子，露出一片河水来。现在，小星星可以跳到河里洗澡了，一洗，它的身上就变得亮闪闪了。

小星星累了、困了，想回家睡觉。可它又一想，这么一小片河水，只够我一个人洗澡，我要把整片乌云全都剪开，这样大家就都能洗澡了。小星星干了整整一夜，银河的水终于都露出来了。

第二天，天上的星星又发出了闪闪的亮光，因为小星星们都在银河里洗过澡了。

完美准爸爸训练营

到了孕晚期，孕妈妈洗澡的时候一定要小心一些，千万不能滑倒。准爸爸可以为孕妈妈买一双防滑的拖鞋，而且要提醒孕妈妈：每次洗澡的时间不宜过长。

第 233 天
让我们一起《欢乐颂》

在孕妈妈坚持做了这么久的音乐胎教之后，将来小宝宝出生后一定有很高的音乐天赋，孕妈妈是否想过让宝宝学习一门乐器呢？很多学习乐器的宝宝第一首会弹的曲子就是《欢乐颂》的片段，因为这首曲子乐谱简单，易于上手，适合初学者学习。让胎宝宝先熟悉一下这既简单又宏伟的旋律吧。

这样听名曲

虽然曲调简单，但它可不是一首随便写出来的曲子，是大诗人席勒和大作曲家贝多芬的共同作品呢。全曲是一首庞大的变奏曲，充满了庄严的宗教色彩，气势恢宏，是人声与交响乐队合作的典范之作。现在，孕妈妈带着胎宝宝一起走进这部作品，走进席勒和贝多芬的理想王国，去感受他们的情感和心情吧。

完美准爸爸训练营

孕妈妈的欢乐要靠准爸爸的用心陪伴和努力经营。给她讲个小笑话，或者在她听音乐时把歌词轻轻哼唱给胎宝宝听。

让胎宝宝感受欢乐

席勒在他的《欢乐颂》中歌颂的欢乐，先是歌颂他受友谊感动后产生的具体欢乐，之后他把这种具体的欢乐人格化，使欢乐拥有了普遍性，进而引申出他对自由、平等、博爱理想的追求，特别是对博爱的歌颂。“你温柔的翅膀飞到哪里，哪里的人们都结成兄弟。”孕妈妈就像欢乐女神一样，胎宝宝在她温柔的照顾下，感受着欢乐和爱。

《欢乐颂》中有一段最广为传颂的歌词，孕妈妈肯定在各种场合听到过：

欢乐女神，圣洁美丽，
灿烂光芒照大地。
我们心中充满热情，
来到你的圣殿里。
你的力量，能使人们，
消除一切分歧。
在你光辉照耀下面，
人们团结成兄弟。

第234天
有趣的《蚂蚁》

观察蚂蚁是童年中最有意思的游戏，在孩子们的眼中，蚂蚁是有趣的、神秘的、可爱的、可以逗着玩的。今天，孕妈妈就为胎宝宝读一些关于蚂蚁的儿歌吧，这可以更早地开启胎宝宝对世界的探索之路：小小的蚂蚁为何会有那么大的力量呢？

蚂蚁

小蚂蚁，最勤快。
个子小，力气大。
大米粒，大骨头，
一样一样拖回家。

小蚂蚁真有趣

小蚂蚁，真有趣，
头上长对小胡须；
小蚂蚁，有情谊，
见面点头很有礼。

蚂蚁抬米

小蚂蚁，真有趣，见面碰碰小胡须。
你碰我，我碰你，报告一个好消息，
排队走，一二一，大家去抬一粒米。

蚂蚁搬虫虫

小蚂蚁，搬虫虫，
一个搬，搬不动，
两个搬，掀条缝，
三个搬，动一动，
四个五个六七个，
大家一起搬进洞。

完美准爸爸训练营

到了孕晚期，孕妈妈可能已经无法弯下腰观看蚂蚁了，准爸爸可以在陪孕妈妈散步的时候，观察一下路边的树干上是否有蚂蚁，或者看看其他的小昆虫。

第 235 天
手影动物大汇集

这个月仍可持续做给胎宝宝送光明的游戏，在胎宝宝清醒时进行，注意用手电作为光源进行胎教，避免用白炽灯的热光源照射。

孕妈妈也可以在每天晚上听音乐时，用手电的微光一闪一灭地照射胎宝宝的头部，给他一种节奏感。每次持续时间不宜超过 3 分钟。

孕妈妈还可以用手电继续来做手影的游戏，今天来模仿更多的动物吧，这个世界对于胎宝宝而言一切都是新奇的。

大公鸡

狐狸

兔子

袋鼠

完美准爸爸训练营

准爸爸可以发挥创意，做更多的手影动物给胎宝宝看，做的时候还可以告诉胎宝宝这些动物的外形特征、生活习性。

第 236 天 优美典雅的《蒹葭》

胎宝宝的大脑不断发育，孕妈妈可以为他读读经典的文学作品。《蒹葭》选自《诗经·国风·秦风》，大约产生在 2500 年前的秦地的一首民歌。让胎宝宝在平平仄仄中，感受古汉语之美。

蒹葭苍苍，白露为霜。所谓伊人，在水一方。
溯洄从之，道阻且长；溯游从之，宛在水中央。
蒹葭萋萋，白露未晞。所谓伊人，在水之湄。
溯洄从之，道阻且跻（jī）；溯游从之，宛在水中坻（chí）。
蒹葭采采，白露未已，所谓伊人，在水之涘（sì）。
溯洄从之，道阻且右；溯游从之，宛在水中沚（zhǐ）。

译文

河畔芦苇碧色苍苍，深秋白露凝结成霜。我那日思夜想之人，就在河水对岸一方。
逆流而上寻寻觅觅，道路险阻而又漫长。顺流而下寻寻觅觅，仿佛就在水的中央。
河畔芦苇一片茂盛，清晨露水尚未晒干。我那魂牵梦绕之人，就在河水对岸一边。
逆流而上寻寻觅觅，道路坎坷艰险难攀。顺流而下寻寻觅觅，仿佛就在沙洲中间。
河畔芦苇更为繁茂，清晨白露依然逗留。我那苦苦追求之人，就在河水对岸一头。
逆流而上寻寻觅觅，道路险阻迂回难走。顺流而下寻寻觅觅，仿佛就在水中沙洲。

赏析

这首诗以水、芦苇、霜、露等意象营造了一种朦胧、清新又神秘的意境。早晨的薄雾笼罩着一切，晶莹的露珠已凝成冰霜。一位羞涩的少女缓缓而行。诗中水的意象正代表了女性，体现出女性的美，而薄薄的雾就像是少女蒙上的纱。她一会出现在水边，一会又出现在水之洲。寻找不到，急切而又无奈的心情正如蚂蚁爬一般。就像我们常说的“距离产生美感”，主人公和伊人的身份、面目、空间位置都是模糊的，给人以雾里看花、若隐若现之感。蒹葭、白露、伊人、秋水，越发显得难以捉摸，构成了一幅朦胧淡雅的水彩画。

完美准爸爸训练营

孕妈妈就是准爸爸的伊人，把这首诗歌像情诗一样读给孕妈妈听吧，顺便回忆一下你们恋爱时的甜蜜。

第 237~238 天
魔方转转转

魔方这种有无穷魅力的六面体，也可以辅助孕妈妈做胎教，因为它能开发智力、强化逻辑思维，更是对空间感的考验，同时还能活动手指，要知道，运动手指本身就是一种健脑活动。

魔方的源起

魔方，又叫魔术方块，也称鲁比克方块，是匈牙利布达佩斯建筑学院鲁比克教授在 1974 年发明的。当初他发明魔方，仅仅是作为一种帮助学生增强空间思维能力的教学工具。但要使那些小方块可以随意转动而不散开，不仅是个机械难题，这牵涉到木制的轴心、座和榫头等。直到魔方在手时，他将魔方转了几下后，才发现如何把混乱的颜色方块复原竟是个有趣而且困难的问题。鲁比克就决心大量生产这种玩具。魔方发明后不久就风靡世界，人们发现这个小方块组成的玩意实在是奥妙无穷。

怎么玩

将一个打乱的魔方复原一面应该是非常简单的，但是要完全复原六面，还是要下一番工夫。关键是要掌握一套公式。如果你想挑战自己，去相关网站搜索一下，非常容易找到攻略。

当前的魔方高手能在 20 几秒钟内将一个打乱的魔方复原，更有如盲拧、单手拧、采用最少步骤复原等五花八门的玩法。

请准爸爸帮忙

男人们对这种玩具有一种本能的兴趣，如果你觉得太复杂，可以请准爸爸先学会，再手把手地教给你，就会容易多了。

完美准爸爸训练营

把魔方的六面完全复原确实有难度，孕妈妈的目的并非完成这项游戏，而是在游戏中得到快乐，有准爸爸的陪伴和帮助，只要能复原一面，孕妈妈就会非常开心。

第239天
充满生机的《向日葵》

今天孕妈妈再来读读乌拉圭女作家胡安娜·伊瓦沃罗的散文，读一读她的文字，你的整个身心可能都会静下来。

向日葵

在我家，大家都感到奇怪：我们的花园那么小，决定只种奇花异草，我却开辟一个畦，种上了葵花籽。他们不明白，在高雅的玫瑰、杜鹃花、三色堇、茉莉花中间，我怎么会让那种平常而又土气的植物存在呢？但这是因为我太爱向日葵了。我和葵花之间有一种相似之处，这就像一种亲缘关系，我们都渴望天空和阳光，这种渴望像一根绳儿一样把我们拴在一起。它那硕大的花冠始终需要阳光，总是面朝着天空，像恋人那么固执，像饿汉那么如饥似渴！而害怕黑暗的我，也经常亲身感受到对阳光的本能渴望，每当望着葵花着魔似的随着太阳转，寻求着阳光，我就激动不已。所以，我爱它们：它们有着和我一样强烈需要生命、光亮和天空的愿望。

蝴蝶

一只黄色的小蝴蝶飞来，围着灯焰飞舞。它盘旋得那么疯狂，它的圆圈儿画得那么急促，那么连续不断！你从哪里来，小蝴蝶？难道你来自那片飒飒作响的树林？我小时候曾陶醉的、无所畏惧的在那里疯跑。也许你喝过那个小湖里的一滴水，小湖的四周镶嵌着柳丝和灯心草，它就在我说的那片树林附近。难道你在一棵马边草上睡过一夜，你认识许多条路吗？见过麦田吗？曾停在许多树叶上眺望吗？那落满你身上的黄尘是慈姑、野慈姑的花粉吗？噢，小蝴蝶，我敢说，你的翅膀散发着田野的气息！

完美准爸爸训练营

你们在阳台上种的绿植长得怎么样了？它们也像向日葵一样努力生长呢，记得经常陪孕妈妈坐下来看看它们，静静享受生活的美丽。

第240天

画一棵美丽的向日葵

热爱光明、充满生机的向日葵那么惹人喜爱，今天孕妈妈就来动手画一棵吧。

1 向日葵花金灿灿，

2 低头看着蝴蝶笑，

3 青青小草也在长，

4 太阳公公眯眯笑。

完美准爸爸训练营

孕妈妈画完了画，准爸爸可以找来彩笔，和孕妈妈一起给向日葵和小蝴蝶涂上漂亮的颜色，胎宝宝会很喜欢你们共同完成的作品。

第241天

有趣的脑筋急转弯

到了孕晚期，孕妈妈更要保持愉快的心情，偶尔沉闷无聊的时候可以做点小游戏。那么现在就来开动脑筋，做几个脑筋急转弯吧，记得不要以正常的逻辑和思维去猜测答案，发散思维，拓宽思路吧。

1. 什么门永远关不上？
2. 打什么东西毫不费力？
3. 月亮上去过外星人吗？
4. 冬冬的爸爸牙齿非常好，可是他经常去口腔医院，为什么？
5. 小王走路从来脚不沾地，这是为什么？
6. 明明是个很普通的小朋友，为什么竟然能一连十几个小时不眨眼？
7. 山坡上有一群羊，来了一群羊。一共有几群羊?
8. 什么东西没吃的时候是绿的，吃的时候是红的，吐出来的是黑的?
9. 玲玲拿鸡蛋扔石头，为什么鸡蛋没破?
10. 铁放在屋外露天会生锈，那么金子呢?

（答案见本页）

完美准爸爸训练营

今天可以换作孕妈妈出题，由准爸爸来猜答案，猜不出的话，准爸爸要接受孕妈妈的惩罚哦。

答案：1.足球门；2.打瞌睡；3.地球的宇航员登上过月球；4.因为他是牙科医生；5.因为穿着鞋子；6.因为他在睡觉；7.还是一群羊；8.西瓜；9.她左手拿蛋右手扔石头，鸡蛋怎么会破；10.会被偷走。

第242天 读读英语小笑话

做完了脑筋急转弯，孕妈妈来放松放松，读两个英语的小笑话吧。

I'll See to the Rest

A guard was about to signal his train to start when he saw an attractive girl standing on the platform by an open door, talking to another pretty girl inside the carriage.

"Come on, miss!" he shouted, "Shut the door, please!"

"Oh, I just want to kiss my sister goodbye."she called back.

"You just shut that door, please," called the guard, "and I'll see to the rest."

A Trip to Disney

On a trip to Disney World in Florida, my husband and I and our two children devoted ourselves wholeheartedly to the wonders of this attraction. After three exhausting days, we headed for home.

As we drove away, our son waved and said,"Good-by, Mickey."

Our daughter waved and said, "Good-by, Minnie."

My husband waved, rather weakly, and said, "Good-by, Money."

其余的事由我负责

一位列车员刚发出信号让火车启动，这时他看见一位很漂亮的姑娘站在站台上一节打开的车厢门旁边，跟车厢里另一位漂亮姑娘在说话。

“快点，小姐！”他喊道，“请把门关上。”

“噢，我还没有和妹妹吻别呢。”她回答道。

“请把门关上”，列车员说，“其余的事由我负责。”

迪斯尼之旅

佛罗里达州的迪斯尼乐园是一个迷人的地方。一次我和丈夫以及两个孩子前往旅游，我们全身心地沉醉在它的各种奇观之中。精疲力竭地玩了三天之后，我们要回家了。

当我们驱车离开时，儿子挥手说：“再见，美奇。”

女儿挥着手说：“再见，美妮。”

丈夫也有气无力地挥了挥手，说道：“再见，美元。”

完美准爸爸训练营

孕妈妈在阅读时如果对哪句英文不太理解，准爸爸可以给孕妈妈讲一讲，或者帮她查查词典；有空的时候，还可陪她观赏一部有趣的英文喜剧电影。

第243天

神奇的《海马爸爸生孩子》

自古以来都是妈妈生孩子，孕妈妈听说过有爸爸生孩子的吗？在那浩瀚的大海中，就有一种动物是爸爸“生”孩子的，这到底是怎么回事？孕妈妈赶快带着胎宝宝来看看吧。

有一天，生活在海里的鳕鱼叫道：“出怪事啦，海马爸爸生孩子啦！”

他这一叫，惊动了旗鱼、剑鱼，他们纷纷游过来问：“在哪里？”

“在前面。”鳕鱼回过身子，向前面一指。

“爸爸生孩子，倒是天下奇事，我们去看看。”旗鱼对剑鱼说。

“我带你们去。”鳕鱼自告奋勇。

旗鱼和剑鱼来到那个海马身边，看见一个个小海马，正从海马的尾部下弹出来。

“我没有骗你们吧。”鳕鱼指着正在生孩子的海马说。

“请问……你是海马妈妈，还是海马爸爸？”旗鱼还有些不放心地问。

“你没看见我在生孩子吗，当然是海马爸爸。”海马爸爸说着，又生出了一个小海马。

“哦，我知道啦，你们海马是爸爸生孩子，妈妈不会生孩子的。”剑鱼好像恍然大悟地说。

“剑鱼先生，你可别往我们海马妈妈身上泼脏水呀！”忽然，有一条海马气呼呼地看着剑鱼。剑鱼一看，惊奇地叫起来：“她是海马妈妈哩。”

“这……这到底是怎么回事呀？”剑鱼和旗鱼更加糊涂了，他们看看不生孩子的海马妈妈，又看看正在生孩子的海马爸爸。

海马妈妈看看剑鱼他们，哈哈大笑起来。她边笑边说道：“孩子嘛，确实是我生的。不过，我生他们的时候，还是一颗颗的卵呢。我把他们生在他们爸爸的育儿袋里，孩子们在他们爸爸的育儿袋里成长，变成一个个小海马……”

“哈哈，爸爸生孩子，原来是这么一回事呀！”旗鱼和剑鱼都大笑起来。

完美准爸爸训练营

既然不能代替孕妈妈生孩子，那就要多多理解孕妈妈的辛苦，多做点家务，孕妈妈累的时候给她做做按摩。

第244~245天 给宝宝折件小上衣

下个月胎宝宝就要出生了，孕妈妈肯定已经为你的宝宝买了好多小衣服。今天再来给胎宝宝折一件小上衣吧，折纸能使孕妈妈的注意力集中，忘却孕期小麻烦带来的困扰。现在就照着以下的方法活动活动你的手指吧。

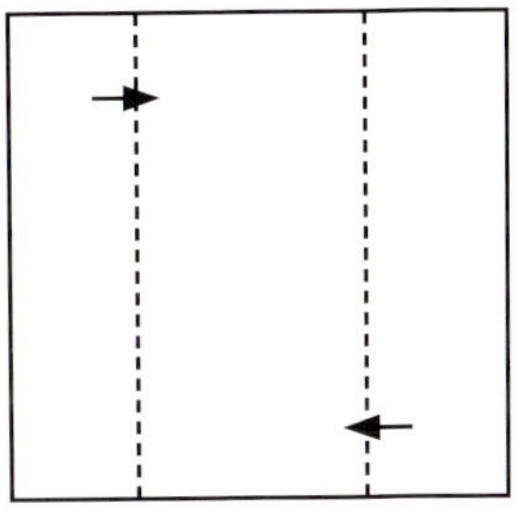

1 用正方形的纸，沿虚线朝箭头方向折。

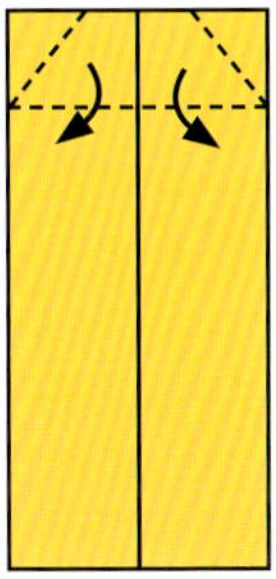

2 沿虚线向箭头方向拉折。

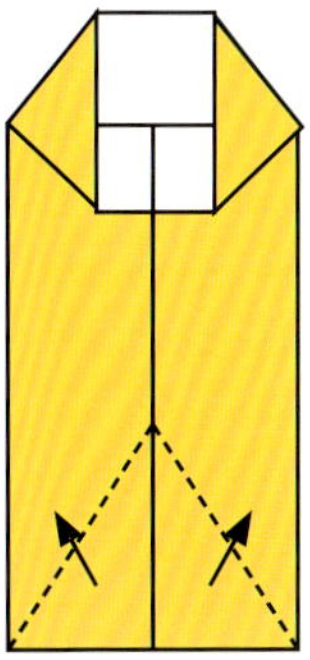

3 沿虚线朝箭头方向折。

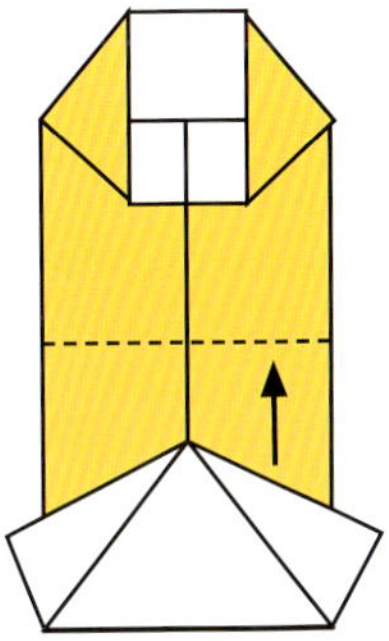

4 沿虚线向上折，下边藏在衣领之下。

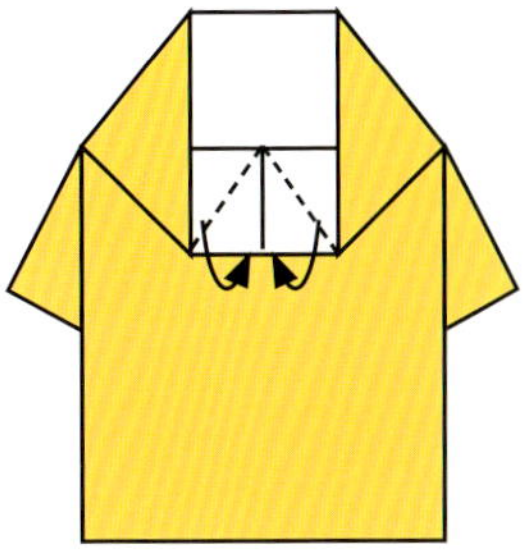

5 沿虚线向箭头方向后折。

6 画上扣子。

完美准爸爸训练营

孕妈妈给胎宝宝折了件上衣，准爸爸可以学学折其他花样，给胎宝宝折件小裤子，这样才是一整套衣服嘛。

第 246 天
让人平和的《偶成》

所有的父母都希望孩子能做个快乐的人。在我们的生命中总会面临拥有和失去，而戴望舒的诗告诉我们：在美好面前，我们要快乐；但美好过去，我们也要心平气和。

大声朗读下面这首诗吧，也告诉你的宝宝，学会让自己快乐和平和。

生命永远等待春天，
春天不会让所有的洁白融化，
僵硬的凝冰可能永远不会解冻，
可凝冰永远拥有春天，
湛蓝的天空，冷峻的雪峰。
好东西不会都永远存在，
相信我吧，
失去的是雪，
我永远拥有水。
冬天来了，
我的拥有没有少，
春天来了，
我的拥有没有多。
可我长大了，成熟了，
我的拥有多了，
那毕竟是自然的一部分，
自然长大的一部分，
其实，自己应该拥有的你一生都不会完全拥有，
顺其自然吧，
不能每秒都测量自己的身高，
不能每天都娇艳欲滴。

——戴望舒

完美准爸爸训练营

怀孕期间，孕妈妈如果遇到了想不开的问题，准爸爸要认真倾听，耐心开导，告诉她所有的问题都会得到解决，你会永远和她一起面对。

第247天
欢快的《金蛇狂舞》

日渐临近的分娩使孕妈妈感到有些紧张甚至忐忑不安，听听欢快的音乐，可以让孕妈妈得到放松。孕妈妈还可以想象一些令人愉悦的场景，让腹中的胎宝宝也沉浸在快乐之中。

这样听名曲

管弦乐曲《金蛇狂舞》表现了我国传统民间节日人们舞动巨龙、锣鼓喧天的欢乐场面，曲子短小精悍、欢快流畅，锣鼓与丝竹乐队的唱和渲染了热烈欢腾的气氛。其活泼生动的表现和铿锵有力的旋律，能振奋孕妈妈的精神，使孕妈妈对生活充满信心。

感受胎教音乐之美

乐曲第一段，音乐一开始就以明亮上扬的音调不断地呈现出欢乐、昂扬、奔放的情绪，让人耳目一新。第二段，由两小节打击乐器音响引出的更加热情昂扬而且流畅明快的旋律，令人感到充满生机而富有生命活力。第三段，作者巧妙地借鉴了民间锣鼓点中“螺丝结顶”的结构形式。上下句对答呼应，句幅逐层减缩，速度逐渐加快，加之锣、鼓、钹、木鱼等打击乐器的节奏烘托，使情绪逐层高涨，直至欢腾红火的顶点，生动地再现了民间喜庆时巨龙舞动、锣鼓喧天的欢乐场面，洋溢出鲜明的民族特色和生活气息。

孕妈妈可以跟随音乐想象欢快的场景，让胎宝宝一同感受。

完美准爸爸训练营

准爸爸可以在孕妈妈听这首乐曲的时候，自编自演一段舞蹈给孕妈妈和胎宝宝欣赏，他们一定会很喜欢的。

第 248 天
好听的《两只小兔》

离胎宝宝降临的日子越来越近，孕妈妈依然要每天坚持给胎宝宝读几首好听的童谣，让胎宝宝快快乐乐地听着孕妈妈的声音来培养语言的潜力吧。

两只小兔

两只小白兔，
上山采蘑菇，
碰见只小鹿，
正在种萝卜，
红萝卜，白萝卜，
馋得小兔拍肚肚，
小鹿拔萝卜，
送给小白兔，
小兔吃萝卜，
忘了采蘑菇。

补鼓？补虎？

一面小花鼓，
鼓上画老虎。
宝宝敲破鼓，
妈妈拿布补。
不知是布补鼓，
还是布补虎？

糊灯笼

红红糊个红粉灯笼，
芬芬糊个粉红灯笼。
红红糊完红粉灯笼糊粉红灯笼，
芬芬糊完粉红灯笼糊红粉灯笼。

小白兔白又白，爱吃萝卜和青菜。

完美准爸爸训练营

这些好听的童谣也是绕口令，准爸爸可以和孕妈妈比一比，看谁说得又快又好。

第249天

画个大萝卜

读完了童谣《两只小兔》，孕妈妈来动手画一个小兔子爱吃的大萝卜吧。口感爽脆却营养丰富的萝卜，是对很多孕妈妈有益的食品呢。

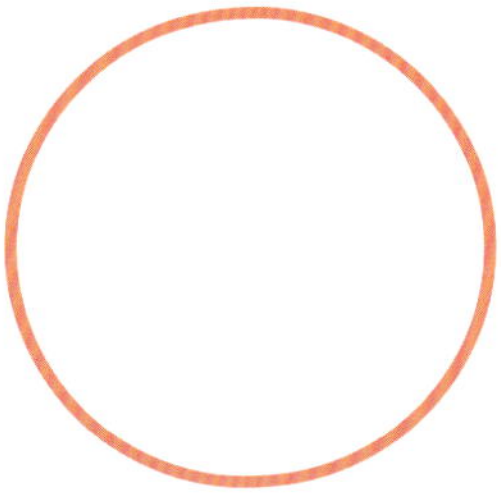

1 一张娃娃脸

2 扎个蝴蝶结

3 下巴真叫长

4 长出小胡须

完美准爸爸训练营

孕妈妈画完了画，准爸爸就用大萝卜为孕妈妈做一道美味的萝卜炖牛腩吧。

第 250 天

增加信心的《信念是一粒种子》

第 9 个月末了，孕妈妈只要再坚持一个月，就可以安然地迎接那个神圣的时刻，为了宝宝，一切都是值得的。分享一个小故事，或许对你坚定信念有帮助。

有一年，一支英国探险队进入撒哈拉沙漠的某个地区，在茫茫的沙海里跋涉。阳光下，漫天飞舞的风沙像炒红的铁砂一般，扑打着探险队员的面孔。口渴似炙，心急如焚——大家的水都没了。这时，探险队长拿出一只水壶，说："这里还有一壶水，但穿越沙漠前，谁也不能喝。"

一壶水，成了穿越沙漠的信念之源，成了求生的寄托目标。水壶在队员手中传递，那沉甸甸的感觉使队员们濒临绝望的脸上，又露出坚定的神色。终于，探险队顽强地走出了沙漠，挣脱了死神之手。大家喜极而泣，用颤抖的手拧开那壶支撑他们的精神之水——缓缓流出来的，却是满满的一壶沙子！

炎炎烈日下，茫茫沙漠里，真正救了他们的，又哪里是那一壶沙子呢？他们执著的信念，已经如同一粒种子，在他们心底生根发芽，最终领着他们走出了"绝境"。

事实上，人生从来没有真正的绝境。无论遭受多少艰辛，无论经历多少苦难，只要一个人的心中还怀着一粒信念的种子，那么总有一天，他就能走出困境，让生命重新开花结果。

人生就是这样，只要种子还在，希望就在。

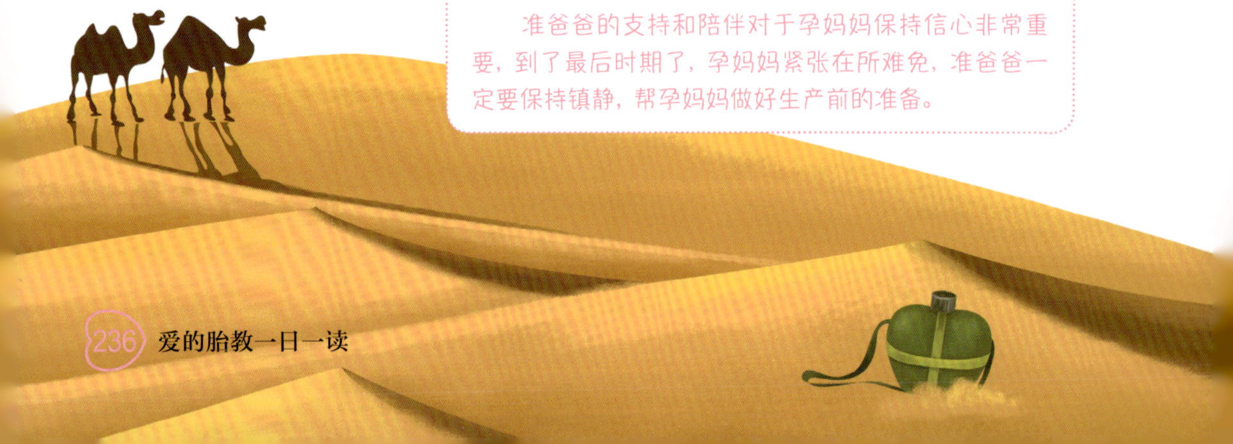

完美准爸爸训练营

准爸爸的支持和陪伴对于孕妈妈保持信心非常重要，到了最后时期了，孕妈妈紧张在所难免，准爸爸一定要保持镇静，帮孕妈妈做好生产前的准备。

第251~252天

美丽的《维特雨尔花园》

莫奈被认为是第一个采用外光技法进行绘画的印象派大师。他善于从自然的光色变幻中抒发瞬间的感觉。这座小花园是莫奈在他四十多岁的时候在维尔尼定居时建造的。他在池塘里、院子中种了许多花，这座花园给了他许多灵感。在这幅《维特雨尔花园》中，他将爱子置于灿烂的花丛中，画作洋溢着恬淡、幸福的味道，孕妈妈在仔细欣赏这幅画的同时，也能感觉到这种恬淡和幸福。

完美准爸爸训练营

孕妈妈在欣赏画作时，准爸爸可以把画面内容讲给胎宝宝听。到了孕晚期，在孕妈妈精神好的时候，陪她去花园里走一走，将有利于孕妈妈顺利分娩。

孕10月
收获的时刻

不用再猜测，不用再胡思乱想，你就要和宝宝见面了。在你真正成为母亲的那一刻，医生会把漂亮的小宝宝和关于他的一切信息都交给你。

胎宝宝全身器官发育完好，已经属于成熟儿，到本月末，他的体重将增长到相当于 2 个哈密瓜的重量，他已经能适应外面的世界了。

最后一个月，孕妈妈的首要任务就是要学会平静地面对即将到来的分娩，不要过分期待，也不要过分焦虑，不要把分娩看作是很困难的事情，这是成为一位母亲必然要接受的历练。在感到焦虑的时候，听听音乐、做做小游戏，这会让你集中精神，心绪也会得到平静。

静静等待收获时刻的到来吧……

第 253 天 控制体重增加

最后一个月了，胎宝宝发育得越来越完全，孕妈妈需要给他的是合理的营养，而孕妈妈的体重则不能增加过多，以保证分娩的顺利。

孕 10 月健康生活宜忌

宜

最后一个月的食物以口感清淡、容易消化的为佳，多吃一些对分娩有补益作用的食物，比如圆白菜、紫甘蓝、麦片和全麦面包等，可以获得维生素 K，帮助血液凝结；多吃豆类、糙米、牛奶等，可以补足维生素 B_1，避免产程延长。

每周都应去医院做 1 次产检。

认真记录胎宝宝的胎动，发现异常及时就医。

忌

这个月即使胃口很好，也不能吃得过多，要注意营养均衡，避免因为胎宝宝过大和孕妈妈体重过分增加带来的不良影响。孕妈妈的体重以每周增加 300 克为宜。

有些孕妈妈会比预产期提前或者推迟 2 周分娩，这都是正常的，不必太紧张。

合理搭配膳食，营养丰富又均衡，不做超重孕妈妈。

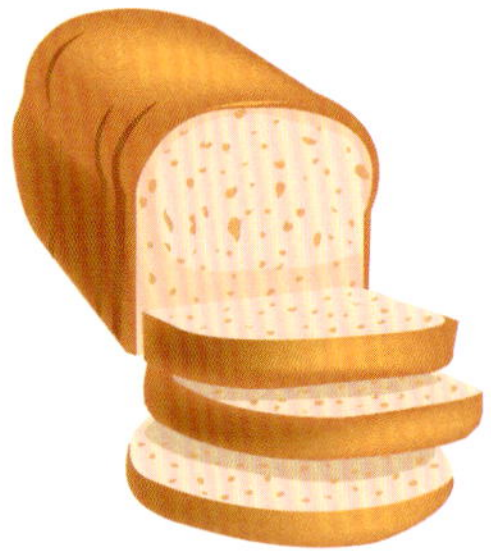

完美准爸爸训练营

准爸爸要学习分娩知识，熟悉孕妈妈的身体变化，消除内心的顾虑，把信心和平静的心态传递给孕妈妈，让孕妈妈愉快自信地面对分娩。另外，买一台漂亮的体重秤，方便孕妈妈每天测量体重，孕妈妈生产后的恢复期也可以使用。

第 254 天
“胎”这个字

胎宝宝很快就要和你见面了，今天，放松一下心情，翻翻字典，看看关于“胎”这个字，有什么好玩儿的信息？

胎

①人或哺乳动物母体内的幼体。如：胎儿，胚胎。

②量词，怀孕或生育的次数。如：头胎。

③名词，衬在衣服、被褥等的面子和里子之间的东西。如：棉花胎。

④名词，某些器物的坯。如：泥胎儿。

⑤名词，轮胎。

雪胎梅骨

比喻高洁。清代·李渔在《怜香伴·香咏》中写道：“小姐这等诗真有雪胎梅骨，冷韵幽香。”

胎梦

胎梦是一种迷信说法，并没有科学的根据。古时的人们迷信地认为通过胎梦可知胎儿是男是女。如梦见龙、蟒蛇、牛、猪、虎、公鸡、仙鹤、乌龟、辣椒、萝卜、黄瓜、南瓜、土豆、栗子等表明会生男孩；梦见鲤鱼、鸡蛋、蝴蝶、鸽子、鸳鸯、各种果实（如草莓、苹果、樱桃等）、鲜花、月亮等等则有可能是女孩儿。

胎藏界

佛教术语。密教认为构成宇宙的二界（一为金刚界）之一，是以大日如来之慈悲构成，这种慈悲有如母亲怀育胎儿一般，可以包容一切，培养众生的先天的悟性，故称胎藏界。

胎毛笔

是毛笔的一种，以初生婴儿第一次剪下来的头发制成，不少父母都会为新生宝宝制笔以作纪念。相传古时一书生上京赴考，用胎毛笔答题，竟高中状元，故又称状元笔。胎毛笔的历史，可追溯至唐代，唐朝齐卫《送胎发笔寄仁公诗》中记载：“内为胎发外秋毫，绿玉新裁管束牢。”

完美准爸爸训练营

准爸爸可以提前了解一下制作胎毛笔的相关信息，等你们的宝宝出生后满月时，就可以帮他做一只漂亮的胎毛笔了，那将非常有意义。

第255天
“执著”闹出的笑话

到了最后阶段，孕妈妈更是要多找理由让自己开心地笑，下面这些笑话不只自己读了要笑，也讲给准爸爸和好朋友们听吧，分享会让快乐加倍的。

看看纯真可爱的小朋友们又闹了什么笑话？

执著

父亲哄5岁的小孩子上床睡觉后，然后做自己的工作。

孩子：“爸爸，您能帮我倒一杯水吗？”

爸爸：“爸爸在工作，自己去拿。”

过了一会儿，孩子又说：“爸爸，我要喝水。”

爸爸：“我不是跟你说了吗？自己去拿。”

又过了一会，孩子又说：“爸爸，我要喝水。”

这一次，爸爸生气了：“你自己能拿，为什么总是叫我？你再叫我可要打你了！”

这一次孩子大约安静了5分钟，然后他又说：

“爸爸，你来打我的时候，能给我带一杯水来吗？”

生日问题

孩子：妈妈，我什么时候过生日？

妈妈：六月十五日。

孩子：那你呢？

妈妈：六月十日。

孩子：怎么，你只用了五天就把我生下来啦？

马戏团

孩子：“爸爸，我来演马戏团里的大狗熊吧。”

爸爸：“那我干什么呢？”

孩子：“您演那个陪狗熊玩的叔叔，不断地把好吃的塞到我的嘴里。”

准爸爸要做宝宝的好朋友。

完美准爸爸训练营

孕妈妈情绪紧张时，准爸爸要多和孕妈妈谈谈对将来生活的打算，聊一聊小宝宝的可爱之处，让孕妈妈多想想未来美好的事情，忘记眼前的紧张。

第 256 天
胎宝宝学百科：大象

胎宝宝已经在妈妈的肚子里待了 9 个多月了，孕妈妈即将度过整个孕程。孕妈妈知道哺乳动物中谁的怀孕期是最长的吗？呵呵，它就是陆地上最大的哺乳动物——大象。关于它们，有好多有趣的事情呢。

在妈妈肚子里待得最久

大象的怀孕期是最长的，大约要 22 个月。小象胚胎需要大约 16 个星期才能长出象鼻子，光是象鼻子长度超过腿，就要用近 1 年的时间。刚出生的小象也非常重，有 100 千克左右。

吃奶吃 3 年

小象一直吃母乳大约 3~5 年，直到它的弟弟或妹妹出生。

关于大象

大象有长长的象牙。

大象的脚掌上有厚厚的软垫。

大象可以用鼻子闻气味，也可以用鼻子捡东西。

大象生长得很慢，但是寿命也很长，可以活到 60~80 岁，公象长到大概 13 岁左右的时候就会离开象群。然后它独自生活，或者和其他公象组成小群体生活。

象群里的领导是年纪最大的母象，它带着象群寻找有水和食物的地方。

大象的更多趣事

小象有的时候会躺在地上睡觉，但成年后大多站着睡觉。

一只成年大象每天排出的粪便重量可能比一个 5 岁的小朋友还要重。

大象非常喜欢一块儿洗泥浆澡，泥浆虽然黏黏的，但泥浆让大象不会被晒伤，并且还能阻止虫子叮咬。

别看大象个子大，看起来笨笨的，却是个游泳能手。它们在游泳时，把鼻子当作通气管。大象非常喜欢游泳，有的甚至会在大海里游泳。

当走到水深的地方时，成年大象会把小象举起来并且往前推，帮助小象过河。

完美准爸爸训练营

孕妈妈的肚子已经硕大无比，行动很不方便了，穿袜子、穿鞋子、剪脚趾甲这样的事情都要由准爸爸来做。

第 257~259 天 拉梅兹呼吸法

现在的孕妈妈在医生的指导下，可以开始练习拉梅兹呼吸法。孕妈妈在分娩时运用拉梅兹呼吸减痛法，可适度放松肌肉，在产痛和分娩过程中保持镇定，促进顺利分娩。

除了第四种拉梅兹呼吸法，每种呼吸法每天可练习 5 次，每次 1 分钟。练习前要咨询医生，并不是每个孕妈妈都适合做。

胸式呼吸

运用时间：子宫收缩初期，每次收缩 30~50 秒，间隔 5~20 分钟收缩一次，此时子宫颈开口 2~3 厘米。

方法：1. 孕妈妈完全放松，眼睛注视一定点。2. 由鼻孔吸气，由口吐气，腹部保持放松，每分钟 6~9 次吸气及呼气，每次呼吸速度平稳，吸入及呼出量保持均匀。

浅的呼吸

运用时间：转变阶段，此阶段子宫收缩强烈且频率高。子宫每次收缩时间为 60~90 秒，每 30~90 秒收缩一次。子宫口开 8~10 厘米。

方法：1. 孕妈妈放松，眼睛注视一定点，微张开嘴巴吸吐。2. 保持高位呼吸，在喉咙处发声。3. 呼吸速度依子宫收缩强度调整。连续 4~6 个快速吸吐再大力吐气，重复至收缩结束。

浅而慢加速呼吸

运用时间：加速阶段。子宫 2~4 分钟收缩一次，每次约 60 秒，子宫开口 4~8 厘米。

方法：1. 孕妈妈完全放松，眼睛注视一定点。2. 由鼻孔吸气，由口吐气。3. 随子宫收缩的增强而加速呼吸，随子宫收缩减慢而减缓呼吸。

闭气用力运动

运用时间：子宫颈口全开。此呼吸方式要在预产期前三周每天练习。

方法：1. 孕妈妈平躺在地板上，两脚抬高放椅子上或沙发上，臀部尽量移到椅子边缘，两膝弯曲，两腿分开，手握住椅子的脚。2. 大口吸气后憋气，往下用力。3. 头略抬起向肚脐看，下巴向前缩。4. 尽可能憋气 20~30 秒，吐气后马上再憋气，直到收缩结束。

完美准爸爸训练营

孕妈妈练习拉梅兹呼吸法时应该具备这些条件：舒适的环境，柔和的灯光，轻柔的音乐，愉快的情绪，这些都可以由准爸爸来给孕妈妈创造，而且这个呼吸法最好是夫妻双方共同练习，准爸爸帮孕妈妈喊喊口令吧。

第 260~261 天
放松放松，找不同

现在孕妈妈来放松一下，看看下面这两幅图。它们看起来是一样的，其实里面有 5 处不同呢，孕妈妈赶快来找一找吧。

（答案见 156 页）

完美准爸爸训练营

准爸爸可以和孕妈妈一起来做这个游戏，看看你们谁先找到 5 处不同。孕妈妈如果玩得不过瘾，准爸爸还可以再找一些这样的游戏，让孕妈妈再玩两局。

第262~263天
快乐动人的《玩具》

亲爱的宝宝，在离你越来越近的时刻，你给了妈妈很多很多的细微感受，妈妈想到你就想到了你的快乐、你的可爱，这种期待如同带着妈妈回到了童年的欢乐里，回到了生命之初的感动中。

孩子，你多快活呀，整个早晨坐在泥土里，耍着折下来的小树枝儿。我微笑着看你在那里耍着那根折下来的小树枝。

我呢，忙着算账，一个小时一个小时地把数字加起来。也许你在看我，心想：这种好没趣的游戏，竟把你的一早晨的好时光都浪费掉了！孩子，我已经忘记了聚精会神玩耍树枝与泥巴的方法了。我寻找着昂贵的玩具，收集一块一块的金银。而你，无论找到什么便去做你的快乐的游戏；我呢，却把我的时间与力气都浪费在那些我永不能得到的东西上。

我在脆弱的独木舟里挣扎着要越过欲望之海，却忘了自己也在玩儿一个游戏。

——泰戈尔（印度）

完美准爸爸训练营

还记得你们小时候玩的那些玩具吗？沙包、石子、弹球、雪糕棍，准爸爸不妨再搜集搜集，和孕妈妈重温儿时的快乐，将来还可以教你们的宝宝玩。

孩子的世界多么纯真有趣，简单的玩具就有无限的欢乐。

第 264~266 天

《田园》里的动人乐曲

就要到预产期了，孕妈妈难免会感到兴奋激动甚至有些紧张，听听欢快的音乐，可以让孕妈妈得到放松。孕妈妈还可以想象一些令人平静的场景，孕妈妈沉浸在美好的想象之中，胎宝宝将收到积极的、乐观的信息。

这样听名曲

《田园》是贝多芬最受欢迎的交响曲之一，表达了对大自然的依恋之情。各个乐章也分别展示了“初到乡村时的愉快感受”“溪边小景”“乡村欢乐的集会”“暴风雨”等情景，最后的“牧歌”主题恬静开阔，像牧人在田野中歌唱，表现了雨过天晴之后的美景。

在《田园》中，孕妈妈可以感受到美妙的清晨、花香的味道等大自然景象，还可以听到村民聚会的声音在鸣响。仿佛呼吸到自然清新的空气，孕妈妈整个身心都会得到放松。

如果这时候正好下雨了，别忘了在雨后带胎宝宝到平坦的路面上一起感受雨后的美景。

音乐无处不在

鸟语花香、潺潺流水、花开叶落……大自然奏响的美妙音乐淳朴、天然，孕妈妈可以用心去感受一下。通过聆听自然，可以锻炼胎宝宝对声音的知觉，提高他对不同声音的分辨能力，为宝宝将来分辨不同的音色做好准备。

完美准爸爸训练营

孕妈妈已经不适合走很远的路了，如果不能去郊外田园欣赏风光，准爸爸可以买来优美的风景画让孕妈妈欣赏。

第267~268天

迎接《小青虫变蝴蝶》

胎宝宝经过十个月的成长，很快就要降生了，就如蝴蝶破茧而出，让我们静下心来，准备迎接他的到来。

冬爷爷刚走，春姑娘就来了。

春姑娘头上戴着用红花、白花、黄花编成的帽子，身上穿着绿色的衣裳，打扮得可漂亮了。她看见树枝上挂着一个黄色的两头尖的小包包。哦！原来这个小包包是小青虫变的。

小青虫已经睡了一个冬天了。

春姑娘看着这个土黄色的小尖包包，心里想：嗯，小青虫快要醒了。我呀，我要把这个世界变个样儿，让小青虫醒来的时候，觉得很奇怪！

春姑娘对小草、小河、树和花说：“我要把世界变得更美丽，让小青虫醒来的时候，觉得很奇怪。你们给我帮帮忙吧！”

于是，小草从土里伸出头来。嗬，大地马上变成了一片绿，好像铺上了绿色的地毯，好看极啦！

小河里的冰也化了，河水“哗哗”地唱着歌，高高兴兴地跑着。

树也长出了嫩绿的芽，花也绽放出最美丽的花朵。

春姑娘飞到小青虫那儿，说：“小青虫，你该醒了！瞧！草儿绿了，小河里的冰也化了，花儿开了，你快醒醒吧！”可是，春姑娘叫了半天，小青虫却没说话。她再仔细一看，咳，小尖包包上有一个小缝缝，小青虫不见了。

春姑娘东瞧瞧，西看看，呀，有一只蝴蝶在花丛里飞来飞去，这只蝴蝶多漂亮啊！她翅膀上好像镶着各种颜色的珠子，太阳一照，珠子还会闪闪发光呢。小河、小草、花儿和树看见了这只蝴蝶，也惊叹地说：“唷！多漂亮的一位小姑娘啊！她是谁呀？”

春姑娘笑了：“你们不认识她吗？她就是挂在树上的那个小尖包包里的小青虫变的，她的名字叫‘蝴蝶’啊！”

完美准爸爸训练营

孕妈妈肯定已经迫不及待了，准爸爸则要保持冷静，看看你们为小宝宝准备的东西是否齐全，把它们整理好，以便随时使用。

第269~270天 制作漂亮的蝴蝶墙贴

为了迎接胎宝宝的到来，孕妈妈和准爸爸是不是应该把家里打扮得漂亮一些？今天就来学习一种简单的自制墙贴的方法，在电视墙、卧室墙上黏一些色彩缤纷的蝴蝶，看着这些亲手制作的蝴蝶墙贴，孕妈妈的心情也会跟着蝴蝶翩翩起舞。

材料准备：彩纸、铅笔、剪刀、双面胶。

制作方法：

1 将一张正方形的彩纸沿中线对折，在彩纸的一面画出半只蝴蝶的轮廓。

2 用剪刀沿着画出的轮廓剪出蝴蝶的形状。

3 在要贴蝴蝶的地方设计好位置，将双面胶黏在蝴蝶肚子上。

4 要用的时候撕开双面胶的胶纸贴在合适的地方即可。

完美准爸爸训练营

陪孕妈妈做好了蝴蝶墙贴，准爸爸把它们贴在宝宝房里吧，再把宝宝房间的卫生打扫一下，随时准备迎接他的到来。

第 271~273 天
宝宝的“名”

孕妈妈和准爸爸已经为宝宝起好名字了吧？如果没有，现在开始准备也来得及，宝宝在出生后就要办理出生证明，只要在办理出生证明的时候起好名字就可以了。因为不知道是男孩还是女孩，所以孕妈妈和准爸爸要准备好两个名字。

小篆　　楷体

“名”是每个人的代号。《说文解字》对“名”这样解释：“自命也。从口从夕。夕者，冥也。冥不相见，故以口自名。”意思是说，晚上天黑了，互相看不清面孔，因此用口自己报名，让对方知道。

当人类出现时，是群居的，而语言又是人类出现的标志之一。为了区分人群中的各个个体，“名”也就随之出现了。也就是说，在人类社会出现的同时就产生了人名。

随着社会的进步，人们起名的时候追求典雅，讲究内涵。孕妈妈和准爸爸一定是非常郑重地对待起名这件事的，而宝宝的“名”更包含了父母的爱和关怀。

简单的“名”，除了字面的含义，深处更传递了父母对孩子未来的祝愿和期望。

完美准爸爸训练营

准爸爸可以翻翻字典，找找含义美好的字，准备给你们的宝宝作名字用；也可以上网查查相关信息，看看什么样的名字适合你们的宝宝。

第274~275天
多姿多彩的各国国旗

如果没有特殊情况，你的宝宝出生时，国籍一栏肯定会写下“中国”二字，而且他将来也肯定会认得我国的国旗——五星红旗。世界上还有很多很多的国家，不同的国家有不同的国旗，这些国旗图案各异、色彩缤纷，不妨现在就让胎宝宝认一认吧。

“三横”

俄罗斯

荷兰

德国

“三竖”

法国

意大利

罗马尼亚

带“十字”的

瑞士

瑞典

希腊

带“星星”的

美国

新加坡

新西兰

完美准爸爸训练营

准爸爸可以为孕妈妈买一张世界地图，以便让孕妈妈把国旗和实际的国家位置对应起来，将来还可以教你们的宝宝认识世界。

第 276~277 天
水到渠成，瓜熟蒂落

生产进入倒计时，许多孕妈妈不禁紧张起来：什么时候会发动？会不会很疼？我能顺利分娩吗？……尽管放心吧，一切都会“水到渠成”，生产就是“瓜熟蒂落”的事。

水到渠成

成语典故： 水流到的地方自然形成一条水道。比喻时机成熟，事情自然会成功。

成语出处： 苏轼《与章子厚书》：“恐年载间遂有饥寒之忧，不能不少念，然俗所谓水到渠成，至时亦必自有处置。”

成语例句： 昔人所谓“水到渠成”，所谓“左右逢源”，都是有了充分准备以后的亲切写真。（邹韬奋《杂感·能与为》）

瓜熟蒂落

成语典故： 瓜熟了，瓜蒂自然脱落。指时机一旦成熟，事情自然成功。

成语出处： 宋·张君房《云笈七签》卷五十六：“体地法天，负阴抱阳，喻瓜熟蒂落，啐啄同时。”

成语例句： 况吉人天相，自然瓜熟蒂落，何须过虑。（清·褚人获《隋唐演义》第十一回）

这份沉甸甸的收获感，不正是孕妈妈此刻的心情写照吗？

完美准爸爸训练营

孕妈妈可能坐立不安了，准爸爸要安排好孕妈妈的生活细节，保证孕妈妈的休息和进食，告诉她：“不用着急，有我陪你度过每一天。”

第 278~280 天
写下你的"获奖感言"

十月怀胎，一朝分娩。经过漫长的 280 天，孕妈妈终于要跟宝宝见面了。当这一天真的到来时，你就会感到，为了你的小天使，你所有的付出、艰辛都是那么的值得。而你，也将获得"伟大的母亲"这一崇高的荣誉，现在，就写下你的"获奖感言"吧。

想想这一路走来你的收获和快乐，以及你对宝宝的期待和祝福，把它们都写下来，这将是一件非常有纪念意义的事情。

完美准爸爸训练营

准爸爸也可以在此留下你对孕妈妈和胎宝宝的美好祝福，让这一天变得更有意义。

附录

入院分娩时须携带的物品

1. 长裤至少一条，棉袜至少一双（夏季可稍微薄一点），生产完毕后第二天就最好穿上，生产完要注意保暖。

2. 出院穿的衣服、鞋帽。如果条件允许，出院时戴的帽子可以用手术时戴的帽子，防风而且不太热。

3. 洗漱用品（毛巾、牙具、脸盆、梳子），从可以下床就开始擦洗身上了，也开始刷牙了。

4. 舒适的拖鞋，鞋底要柔软且有一定厚度。

5. 吸管：一定要买上部可以弯曲的那种。刚分娩结束或做完手术只能在床上躺着，喝水用这样的吸管很方便。

6. 产后卫生巾，有的医院发的应该就足够了，多准备一包即可；有的医院可能没有，就要多准备一些。

7. 一次性内裤，建议至少准备一包，产后恶露比较多，会弄脏衣服，所以穿一次性的会比较方便，医院小卖部也有卖的。

8. 饭盒，一定准备微波炉适用的，建议至少准备 2 个。还有水杯、洗涤灵。

9. 钱、医疗保险手册、生育服务证、身份证、户口本。

10. 文件袋：用文件袋把关系到自己和宝宝的各种单据装起来，以免遗失。

11. 宝宝用品：奶粉、奶瓶、婴儿湿巾、纸尿裤、衣服、抱被。

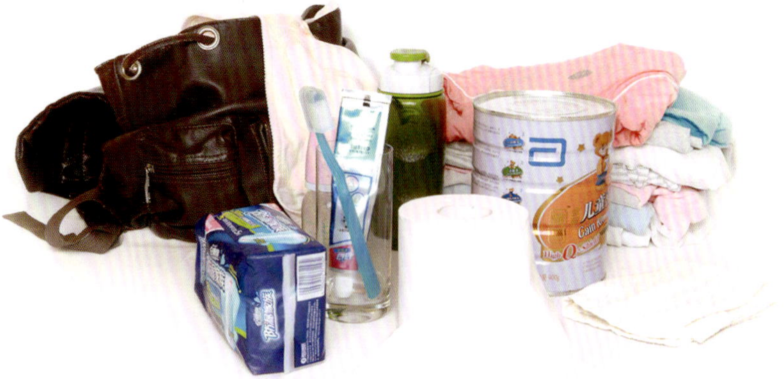

孕妈妈可以准备一个大点的待产包，将东西分类装好。

早教的主要内容及方式

早教是对胎教的巩固和延续，是宝宝终身教育的开端。早期教育主要是围绕爱的抚育、感知觉训练和动作训练三个部分展开的。本书中许多胎教内容都可以作为感知觉训练的素材。

爱的抚育

首先，宝宝绝不是仅仅需要解决温饱问题，他们还有心理和情感需求，那就是父母的爱。如果他们在这个时期没有得到父母的爱抚和温暖，就很难对人产生信赖感。因此，父母应尽可能多地与孩子相处，为其健康人格的形成倾注一片爱心。这是早期教育的首要内容。

感知觉训练

初生婴儿认识周围世界，和外界取得联系是通过感知觉来实现的，因此父母应该及时给予宝宝适当的感知觉刺激，促进婴儿智力的发展。所以，听音乐、讲故事、读诗歌、做手工、欣赏名画等，都是可以继续使用的早教素材，相信本书还会陪伴妈妈和宝宝度过一段很长的时光。

音乐早教：给宝宝听他们在妈妈肚子里就熟悉的音乐，能促进宝宝的听觉发育，安抚宝宝的情绪。

故事早教：给宝宝讲一些有趣的、熟悉的小故事，能加深他的记忆，促进宝宝大脑发育，还能增进亲子感情。

语言早教：爸爸妈妈平时多跟宝宝说说话，相信宝宝一定会很想回应爸爸妈妈而早早学会说话的。

美学早教：让宝宝主动去看一些图画，能激发他的艺术天分，说不定未来的大画家现在就在你家中。

英语早教：给宝宝听听英语儿歌，跟他一起看看英文电影，使宝宝在婴幼儿时期就置身于英语环境中，以后课堂学习的时候，效率就高得多了。

动作训练

通过对宝宝抬头、翻身、坐、爬以及手的动作等训练，锻炼其全身的肌肉和骨骼，促进其运动感觉能力及观察力和思维能力的发展，也是早期教育不可缺少的重要内容。

做游戏是进行早教的一种好方法。

图书在版编目（CIP）数据

爱的胎教一日一读 / 汉竹编著 . -- 南京 : 江苏凤凰科学技术出版社，2014.10
（汉竹 • 亲亲乐读系列）
ISBN 978-7-5537-3590-0

Ⅰ . ①爱… Ⅱ . ①汉… Ⅲ . ①胎教 – 基本知识 Ⅳ . ① G61

中国版本图书馆 CIP 数据核字（2014）第 170746 号

凤凰汉竹
阳光一样的生活书

凤凰汉竹
2011 年荣获
中国民营书业实力品牌

2010 年荣获
生活图书出版商年度大奖

爱的胎教一日一读

编　　著　汉　竹
责任编辑　刘玉锋　姚　远　张晓凤
特邀编辑　曹　静　吕增芳　张　欢
责任校对　郝慧华
责任监制　曹叶平　方　晨

出版发行　凤凰出版传媒股份有限公司
　　　　　江苏凤凰科学技术出版社
出版社地址　南京市湖南路 1 号 A 楼，邮编 ：210009
出版社网址　http://www.pspress.cn
经　　销　凤凰出版传媒股份有限公司
印　　刷　北京瑞禾彩色印刷有限公司

开　　本　720mm×1000mm　1/16
印　　张　16
插　　页　4
字　　数　280 千字
版　　次　2014 年 10 月第 1 版
印　　次　2014 年 10 月第 1 次印刷

标准书号　ISBN 978-7-5537-3590-0
定　　价　49.80 元（附赠英语手指画卡片）